日本を代表する企業の
実例に学ぶ
人と組織の関係性

エンゲージメント経営

Engagement

コーン・フェリー
柴田 彰
Akira Shibata

日本能率協会マネジメントセンター

はじめに

皆さんは組織で幸せに働けていますか？

ここ日本でも、会社経営の現場で「社員エンゲージメント」という言葉が数年前から聞かれるようになった。日本人にはあまり馴染みが深くないエンゲージメントという言葉と考え方が、日本を代表するような会社にまで浸透してきた背景には、日本の会社を取り巻く競争環境の変化が横たわっている。

マクロレベルで見ると、一部を除くほとんどの業界では日本の国内市場は成熟してしまっていて、海外に飛躍の糸口を見出さなければ持続的な成長が不可能になっている。また、これまでの成長を支えてきた主力事業のビジネスモデルが陳腐化してしまっており、コスト構造の改革が急務となっている会社も多い。月並みにはなってしまうが、一言でいうならば、「目の前の仕事を一所懸命に頑張っていれば会社は成長していく」という時代はとうに終焉を迎えている。

さらに、見逃せない環境変化の一つに、日本における労働市場のオープン化がある。一昔前であれば、どちらかと言えば転職というと異例なことで、ネガティブな見方で語られることが多かったように思う。しかし、今や転職はキャリアアップの大きな機会であり、転職をまったく考えたことがないという人の方が少ないのではないだろうか。

かつては、転職は30歳前後くらいの若手に多い、といった風潮があったと思うが、近年では会社の中核たる管理職、ひいては役員層でも転職市場が活発化している。日本の会社も、社内の人材だけで考えるのではなく、社外の優秀な人材にも目配りを欠かせなくなっており、まさに人材獲得競争の様相を呈している。

自分の会社の先行きが見えず、社外には転職の機会が転がっているとなれば、「今の会社を辞めようかな?」と考えてしまうのも自然な成り行きである。もっと具合が悪いことには、会社の将来に対して期待が持てないまま、かといって会社を移るという決断もできずに、中途半端な気持ちのままで残り続ける会社員も出てきている。明るい将来を描くことができなければ、仕事へのモチベーションも上がらず、当然のことながら生産性も低下してしまう。事実、優秀な社員の離職防止、社員の生産性向上といったテーマが、日本の大企業でも課題としてあげられている。

エンゲージメントは、これらの課題を解決してくれる概念として注目されている。

社員エンゲージメントをごく簡単にいうと、**「自分が所属する組織と、自分の仕事に熱意を持って、自発的に貢献しようとする社員の意欲」**である。かつて日本で流行した、社員満足度という考え方とは似て非なるもの、180度異なるものだ。

社員満足度は、「社員が会社に満足しているか?」という社員から見た一方向的なものなのに対して、社員エンゲージメントは会社と社員の双方向的な関係を問うものである。社員エンゲージメントを簡単な問いに分解してみると、「会社は社員が期待する事を提供できているか?」「社員が仕事に幸せを感じて意欲的に取り組めているか?」となり、極めて双方向性が高いことがわかる。

社員エンゲージメントは、その言葉がイメージさせるように、結婚と一脈通じるところがある。幸せな結婚と言えるかどうかは、自分だけでも相手だけでもなく、相手と自分の関係によって決まる。

以前、アメリカのある研究機関が発表した報告書では、幸せな結婚が長続きする要因は、「自分が求めるものを相手が実際に提供してくれているかではなく、自分の理想とする相手だという期待を抱き続けられるかどうかだ」と結論づけていた。つまり、お互いに期待を持ち続けられる関係性の維持こそが、結婚の幸福度を決める唯一の因子だと言っており、極めて興味深い。期待を媒介にした相互関係という意味では、結婚も社員エンゲージメントも違いはない。社員エンゲージメントが高い状態というのは、期待を媒介にして会社と社員の間に幸福な関係が築けていることなのだから。

いま「あなたの会社の社員は幸せに働けていますか？」と聞かれて、自信を持って「もちろん」と答えられる方がどれくらいいるだろうか。一社員の立場としても、組織を預かるマネジャーの立場としても、全員が幸せに働いていると言える方は少ないだろうと思う。

価値観の多様化やダイバーシティーといった言葉が代弁しているように、社員一人ひとりの価値基準や仕事に対する動機を、一昔前のように一律に考えることはもはや不可能である。会社がさまざまな社員の多様な期待に応え、全員を幸せにして熱意を引き出すのは途方もない企てのようにも思える。しかし、それを無理と諦めてしまっては、日本の会社が優秀な社員を引き留め続け、彼らの力を最大限に発揮させることはかなわない。

まさに今、社員エンゲージメントという切り口から、人と組織の関係を見直すべき時に来ている。本書を通じて、より良い組織を作ろうと日々努力をされているマネジャーの方々、また会社でより幸せな職業人生を送ろうとしている社員の方々が、一つの光明を見出していただけたなら幸いである。

目次

第1章

いま、見直すべき人と組織の関係性

1-1 頑張って採用し、手塩にかけて育てた社員が辞めてしまう

ここに一つのデータがある。コーン・フェリーは、世界規模で実施している社員エンゲージメント調査の中で、継続勤務意向、つまりこの会社であと何年働きたいと思っているかを聞いている。図表1のデータは日本の会社を対象とし、2年未満に今の会社を辞めたいと思っている社員の比率を年代別に表している。

これを見ると、将来を担う宝として会社が期待をかけている20代の若手社員の比率が最も高く、しかも年々その比率は高くなっている。また、20代ほどではないにせよ、会社の中核たる30代、40代も増加傾向にある。

2年未満に会社を辞めたいと思っている比率が最も高い20代に絞って、日本と他国のデータと比較してみる。

世界平均に加えて、経済先進国の一つであるアメリカと、同じアジアの大国である中国を比較対象とした。経済が猛烈に発展し、労働市場も活性化している中国や、もともと就社という概念がないアメリカの方が、20代の継続勤務意向が低いはずだと感覚的に思われるであ

図表1　継続勤務意向が2年未満の社員の比率

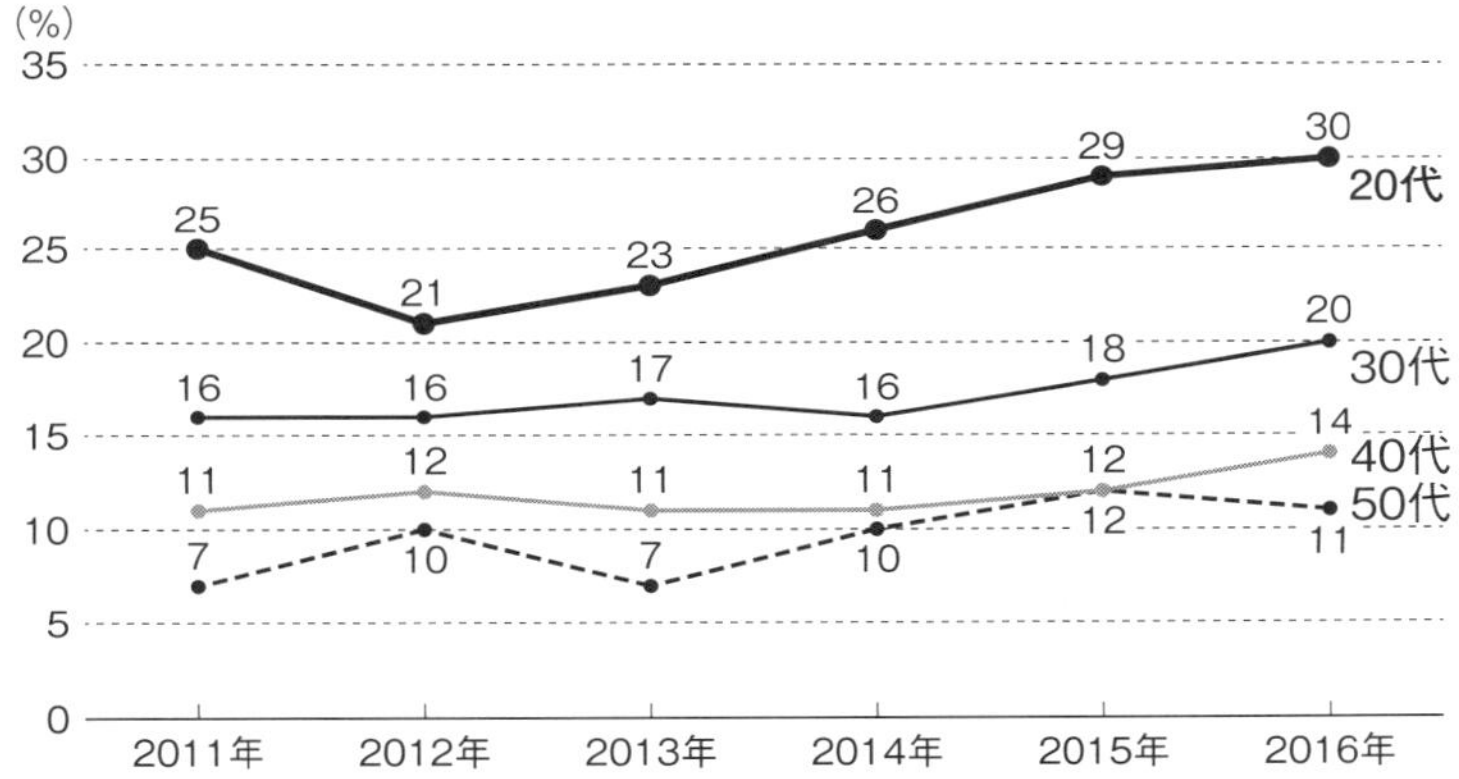

出所：コーン・フェリー社員エンゲージメント調査結果
＊「あなたは、あとどのくらい当社で働きたいと思いますか」という設問に対し「２年未満」と回答した、日本における年代別の割合

図表2　継続勤務意向が2年未満の20代社員の比率（国別比較）

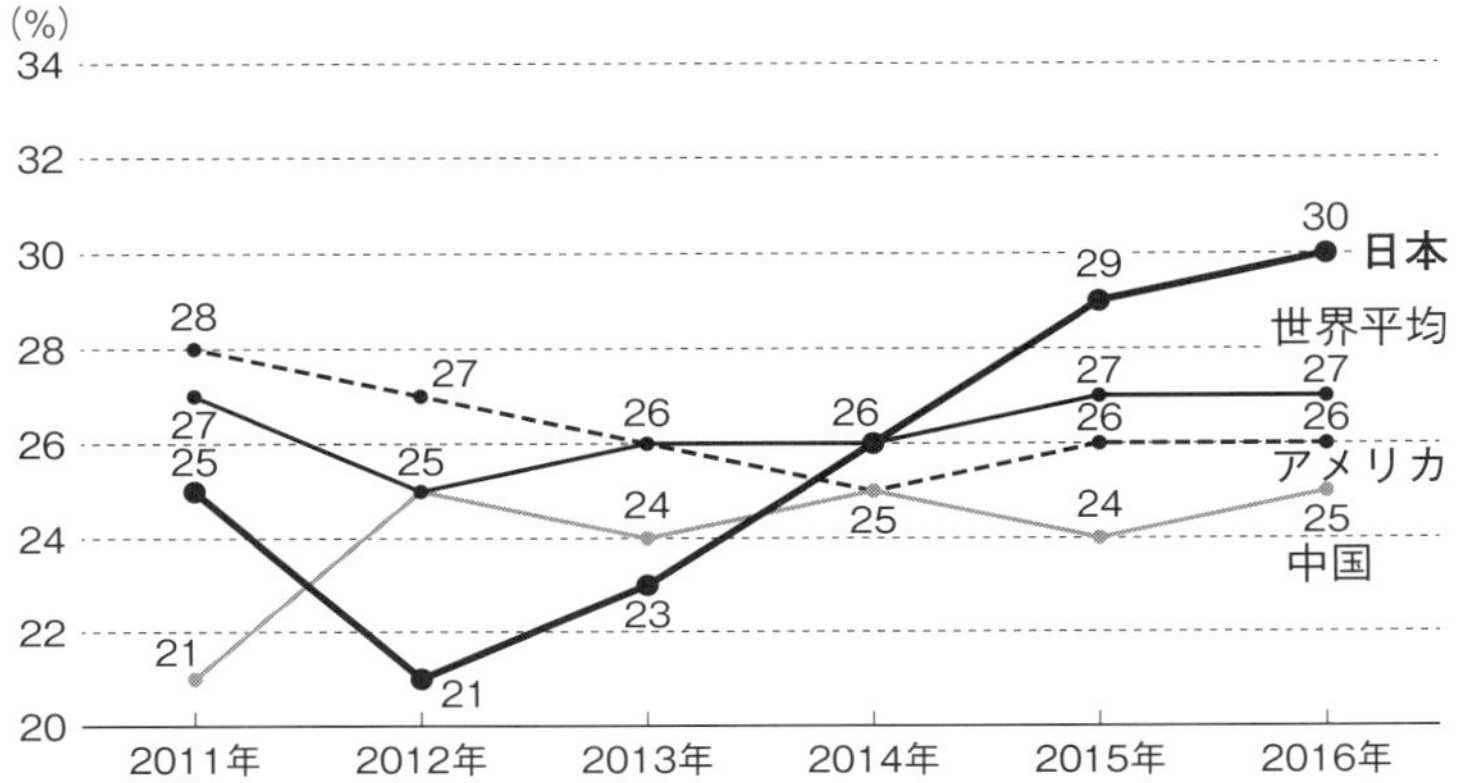

出所：コーン・フェリー社員エンゲージメント調査結果
＊「あなたは、あとどのくらい当社で働きたいと思いますか」という設問に対し、「２年未満」と回答した20代の割合の国別比較

ろう。しかし事実は、２０１６年において2年以内に会社を離れたいと思っている20代の比率は日本が最も高い。しかも、アメリカや中国と比べて、かなりの伸び率である。漠然と自社において若手社員の離職が増えていると感じられていた方にも、これはショッキングなデータなのではないだろうか。

「人事では、20代の離職率が増加していることを課題視しています」

「外資系やベンチャーなど、優秀な学生に人気がある就職先が昔よりも増えていて、新卒採用には相当な労力をかけているにも関わらず、入社して3年くらいで辞めてしまう社員が多くなっているので頭が痛いです」

「新入社員研修や、最初に配属になった現場でのＯＪＴを通じて一人前のビジネスマンに育てても、他社に行かれてしまっては、努力の甲斐がありません」

多かれ少なかれ、大企業の人事部からこうした話を聞くようになった。では、どうして若手社員の離職率が高くなっているのかと人事部に尋ねてみると、意外と漠とした見解にとどまるケースが過半である。

「昔とは働くことへの価値観が変わってきているということでしょうか？」
「ジェネレーション・ギャップでしょう」などといった回答が多い。

残念なことに、人事部でも20代の社員に起こっている変化を捉え切れていないようだ。

「この5年くらいで、成長を続けている事業が少なくなってしまいました。以前であれば、新卒で採用した社員をどんどん営業現場に送り込めたので、事業の成長と共に自身の成長を実感することができていたのだと思います。ただ、ここ数年は事業活動の現場では人が余剰傾向にあって、新入社員を受け入れる余裕がありません。だからと言って、新卒採用を縮小したり、極端にいえば採用を凍結してしまうと、再び大量採用をするのが難しくなってしまう上に、将来の人材が枯渇してしまうことになるので、新卒採用の手を緩めるわけにもいきません」

これは、ある大手商社の人事部から聞いた話である。

「事業の現場に送り込むことが難しいので、配属先は本社か管理系の部署が自然と多くなります。そこでの仕事は、基本的に資料づくりや調整がメインになり、お客様や市場からは遠くなってしまいます。もちろん、そうした部署でも、社会人としての足腰である資料作成の仕方、社内での立ち回り方などは学べます。しかし、ある程度の年数が経過すると、飽きるわけではないでしょうけれど、もっと事業そのものに携わりたい、市場をダイレクトに感じられる仕事がしたい、という欲求が大きくなるようです。彼らの希望をすべて社内で満たすことができれば良いのですが、それもなかなか難しく、結局は転職してしまう20代半ばから後半の社員が増えています」

どこも似たような問題を抱えていると感じられたかもしれないが、この話の中には極めて大事な要素が隠れている。若手社員の離職率が増えている原因について、一つの核心に迫っているのだ。

ここで、もう一度データに立ち返りたい。図表3は、2年未満で会社を離れたいと答えた人と、2年以上は会社に残りたいと答えた人の間で、否定的な回答率の差が大きかったものをランキングにしている。

つまりこの表は、早く辞めたいと思っている若手社員が、他の社員よりも不満に感じてい

図表3　継続勤務意向が2年未満および2年以上の社員間の比較

順位*	項目	継続勤務意向 2年未満	継続勤務意向 2年以上	差
1位	キャリア目標の達成の見込み	41%	12%	29%
2位	業績に連動する報酬	50%	25%	25%
2位	成果を出せる組織体制	51%	26%	25%
4位	社員に対する配慮	46%	22%	24%
4位	経営の舵取り	47%	23%	24%

出所：コーン・フェリー社員エンゲージメント調査結果
＊継続勤務意向が2年未満と回答した人と、2年以上と回答した人で、否定的な回答率の差が大きい項目を順に並べた

る事柄を端的に表している。最上位にきているのは**「キャリア目標の達成の見込み」**となっている。

要は、〝自分のキャリア目標に向けて、今の会社は十分な成長機会を与えてくれていない〟と思っている社員が多いということだ。

2番目には**「業績に連動する報酬」**があがっている。

報酬というと、給与やボーナスなどの金銭報酬がすぐ思い浮かぶが、何も金銭だけが報酬ではない。「良くやってくれた」という上司からの褒め、認知も一つの報酬である。

〝仕事への対価は仕事〟という言葉があるように、目の前の仕事を頑張って成果をあ

げれば、より挑戦しがいのある仕事がもらえることも、人によっては大きな報酬となる。何を報酬と感じるかは人によって異なるが、肝になるのは「業績に応じた」という点だ。各人の仕事の出来栄えを正しく評価し、各人の出来不出来に応じて報酬が与えられていると感じられなければ、それは大きな不満につながってしまう。「彼は大して数字をあげていないのに、課長に可愛がられているからいつも大きな取引を任せてもらっている」などといった不満が若手社員から聞こえてきたら、それは危険な兆候である。

ともあれ、20代社員の離職リスクを招いている最たる要因は、〝成長の機会〟だということがわかった。

考えてみれば当たり前のことで、せっかく大きな期待を抱いて入社したのに、この会社ではどうやら自分の職業人としての価値を高めるのが難しそうだと感じ始めたら、外に目が向くのも無理はない。

先ほどの大手商社の話を思い出してほしい。商社マンになるという夢を持って、就職活動でも難関をくぐりぬけてきたのに、いざ入社してみると商いの現場にはほとんど出向くことなく、資料づくりばかりやらされるとなれば、キャリア目標の達成は非現実的だと感じてしまうだろう。

未だ、新卒採用を要員確保の主たる手段としている日本の会社では、若手社員の離職は今後も頭の痛い問題であり続けるはずだ。

彼らのキャリア展望に合わせた成長の機会をいかに提供するか、会社側が真剣に考えるべき問いである。

1-2 会社は辞めない、しかし意欲が乏しい社員が続出

日本人であれば社名を一度は聞いたことがあるような伝統的な日本の大会社では、離職とは異なる事態が起こっている。若手も含めて、社員の離職率に大きな変化は見られないものの、会社への貢献意欲と仕事への熱意が低い、「あきらめ社員」とでも言うべき人たちの増加だ。会社を辞めたいとは思っていないが、かといって今の会社で頑張ろうとも思っていない、何とも宙ぶらりんな社員層である。

図表4は、日本の大企業数社を対象とした、社員エンゲージメント調査結果の一部設問の平均値である。

まず目が行くのは、「あなたは、あとどのくらい当社で働きたいと思いますか」という継続勤務意向に関する問いについて、5年以上と肯定的に回答した社員の率が圧倒的に高いことだ。

こうした大企業では、7割以上の社員が、当面はこの会社で腰を落ち着けようと考えている。それに比べて、「自分に期待されている以上の貢献をする気持ちにさせてくれる」や「自

図表4　社員エンゲージメント調査結果の一部

設問項目	肯定的回答率*
私は求められている以上に仕事に取り組もうと思う	69%
当社は自分に期待されている以上の貢献をする気持ちにさせてくれる	38%
私は当社で働くことに誇りを感じる	62%
私は当社を良い会社だと他者に勧めることができる	49%
あなたは、あとどのくらい当社で働きたいと思うか	74%

出所：コーン・フェリー社員エンゲージメント調査結果
*「あなたは、あとどのくらい当社で働きたいと思うか」という設問については、5年以上と回答した社員の率を示している

社を良い会社だと他者に勧めることができる」といった問いに対する肯定的な回答率の低さが際立つ。半数以上の社員が、組織から求められている仕事はするが、それ以上の貢献をしようとは思っていない。また、自分の会社を客観的に見て良い会社だと家族や知人に紹介することへ抵抗を感じている。その一方で、「自社で働くことを誇りに思っている」という問いの肯定的な回答率はそこまで低くない。この結果は、微妙な社員心理を投射している。

繰り返しになるが、図表4の調査対象は誰もが知っている日本の大企業である。一昔前であれば、そこの社員であることを人前で公言したくなるような会社だ。ただ、今の社内の実情を見てみると、往年の輝き

はだいぶ色あせて、業績もあまり振るわない。古い大組織にありがちな重層構造や過剰な決裁プロセスによって、社員は窒息してしまいそうである。一方で、「自分の会社はまだ一流だ」「他社に比べれば安定しているはずだと信じたい」そういう社員の複雑な心理状態がある。

「当社の恥ずかしいところを晒すようですが…」と前置きをしながら、自社の組織課題を嬉しそうに語る大企業の人事部の方をたまに見かける。

話の言外から、「こんな課題が出てくるのも、ウチは特別な会社だから。今は調子が悪くても、その内に何とかなる」という矜持のような、あるいは不思議な自信のようなものを感じる。その実は、誇りを持っていられるほど安穏とした組織状態ではないのだが…。

こうした会社の社員には、どこか斜に構えていながら、淡々と仕事をしている人が多い。早く転職をして、新たな成長機会を探そうとするバイタリティーを持った社員に出会うケースは少なく、離職率がさほど大きな問題にならないことも良くわかる。極端な言い方をすれば、仕事について何かをあきらめることによって、当面の心の平穏を得ようとしている社員が多いということだ。会社にとっても社員にとっても、幸せな関係が築かれているとは決していえない。

1-3 社員エンゲージメントが低い日本の会社

若手社員を中心とした人材の流出、会社は辞めないものの士気が低下した社員の存在。これらの問題には、「自分の組織と仕事に熱意を持って、自発的に貢献しようとする社員の意欲」である社員エンゲージメントが関係しているように思える。この点を明確にするには、日本の会社における社員エンゲージメントのレベルに問題があるのか検証するのが手っ取り早い。結論から先にいえば、日本の会社における社員エンゲージメントの水準は、海外と比べて間違いなく低い。しかも、主だった国や地域のどこと比べても低いという残念な結果になっている。

コーン・フェリーの調査では、社員エンゲージメントをいくつかの設問で聞いている。これらの設問に対する肯定的、否定的な回答率の平均値を、社員エンゲージメントの高低として捉えている。

まず、日本企業の社員と、海外企業の社員で肯定的な回答率を見てみると、その差は20%程度も存在している。日本の会社で熱意を持って働いている社員は3分の1未満となってい

図表5　日本と海外の社員エンゲージメントレベル比較

2017年データ

		熱意を持って自発的に会社に貢献しようとしている社員の割合	仕事に熱意を持てていない社員の割合
日本企業（約40社／45万人）		27%	48%
海外企業	全企業（約400社／340万人）	46%	30%
海外企業	高業績企業（約40社／40万人）	55%	23%

出所：コーン・フェリー社員エンゲージメント調査結果

図表6　社員エンゲージメントの設問項目

エンゲージメント設問項目	私は求められている以上に仕事に取り組もうと思う
	当社は自分が期待されている以上の貢献をする気持ちにさせてくれる
	私は当社で働くことに誇りを感じる
	私は当社を良い会社だと他者に勧めることができる
	あなたは、あとどのくらい当社で働きたいと思うか

て、これはかなりショッキングな数値である。反対に否定的な回答率、つまり熱意を持てていない社員の比率は48%にも及んでおり、半数までとはいかないが、日本には相当な確率でエンゲージメントが低い社員が存在している。

「勤勉」「就社」などに代表されるように、日本の会社員は組織への愛着心や貢献意欲が高いようなイメージを持たれがちだが、実際はまったくそうではないということだ。近年、コーン・フェリーに限らず、社員エンゲージメントに関する調査報告がいくつか行われているが、いずれの調査でも他国と比べて日本の水準は低いと報告されており、遺憾ながらもはや疑いようのない事実となっている。

国別の比較を行うと、国全体が好景気であるならば、国として成長しており、そこで働いている会社員の意欲も高いのではないか？　という仮説を持たれる方もいるだろう。経済が成長していれば、働けば働くほど実入りが良くなり生活水準も向上して、活き活きと仕事ができるはずだ、という論理は一見正しそうに聞こえる。そこで、この仮説を検証するためにも、もう少し細かく地域別の比較を見てみる。

日本と北米、欧州、中南米といった諸地域を比較すると、やはり日本は熱意を持って仕事に取り組んでいる社員の比率が断然低い。しかも、6年前からその比率は6%減少している。もともとの数値が低いが故に、6%の減少であってもそれなりのインパクトがある。

図表7 地域別の社員エンゲージメント推移

	地域	2012	2013	2014	2015	2016	2017	6年間での増加数
熱意を持って自発的に会社に貢献しようとしている社員の比率	日本	33%	32%	30%	29%	26%	27%	−6%
	北米	52%	52%	52%	51%	51%	50%	−2%
	欧州	43%	43%	43%	44%	43%	42%	−1%
	中南米	53%	53%	53%	53%	55%	55%	2%
	中東・アフリカ	51%	51%	50%	50%	50%	50%	−1%
	APAC	46%	47%	47%	48%	49%	49%	3%
仕事に熱意が持てていない社員の比率	日本	36%	39%	41%	44%	47%	48%	12%
	北米	24%	24%	24%	25%	25%	26%	2%
	欧州	30%	30%	30%	30%	31%	33%	3%
	中南米	23%	23%	24%	24%	22%	22%	−1%
	中東・アフリカ	25%	26%	27%	26%	26%	27%	2%
	APAC	28%	28%	28%	28%	28%	28%	0%

出所：コーン・フェリー社員エンゲージメント調査結果
2017年データ
日本企業（約40社／45万人）、北米（約160社／79万人）、欧州（約180社／106万人）、中南米（約60社／28万人）、中東・アフリカ（約80社／12万人）、APAC（約180社／112万人）

さて、先ほどの仮説に立ち返り、経済の成長度合いに照らしてこの結果を眺めてみると、社員エンゲージメントと国の経済成長率の間には相関がないといって差し支えない。

直近の調査結果が最も良かったのは中南米で、次いで僅差で北米となっている。一方の国別GDP成長率では、上位をアフリカ諸国が占めていて、中南米諸国や米国は上位20位以内にも入っていない。

また日本と同様、経済成長が決して芳しいとはいえない欧州では、−1%とごくわずかに減少はしているが、日本と比べるとその下落幅はかなり小さいものであり、国の経済成長と社員エンゲージメントはあまり

図表8　GDP成長率　上位20か国（2017年）

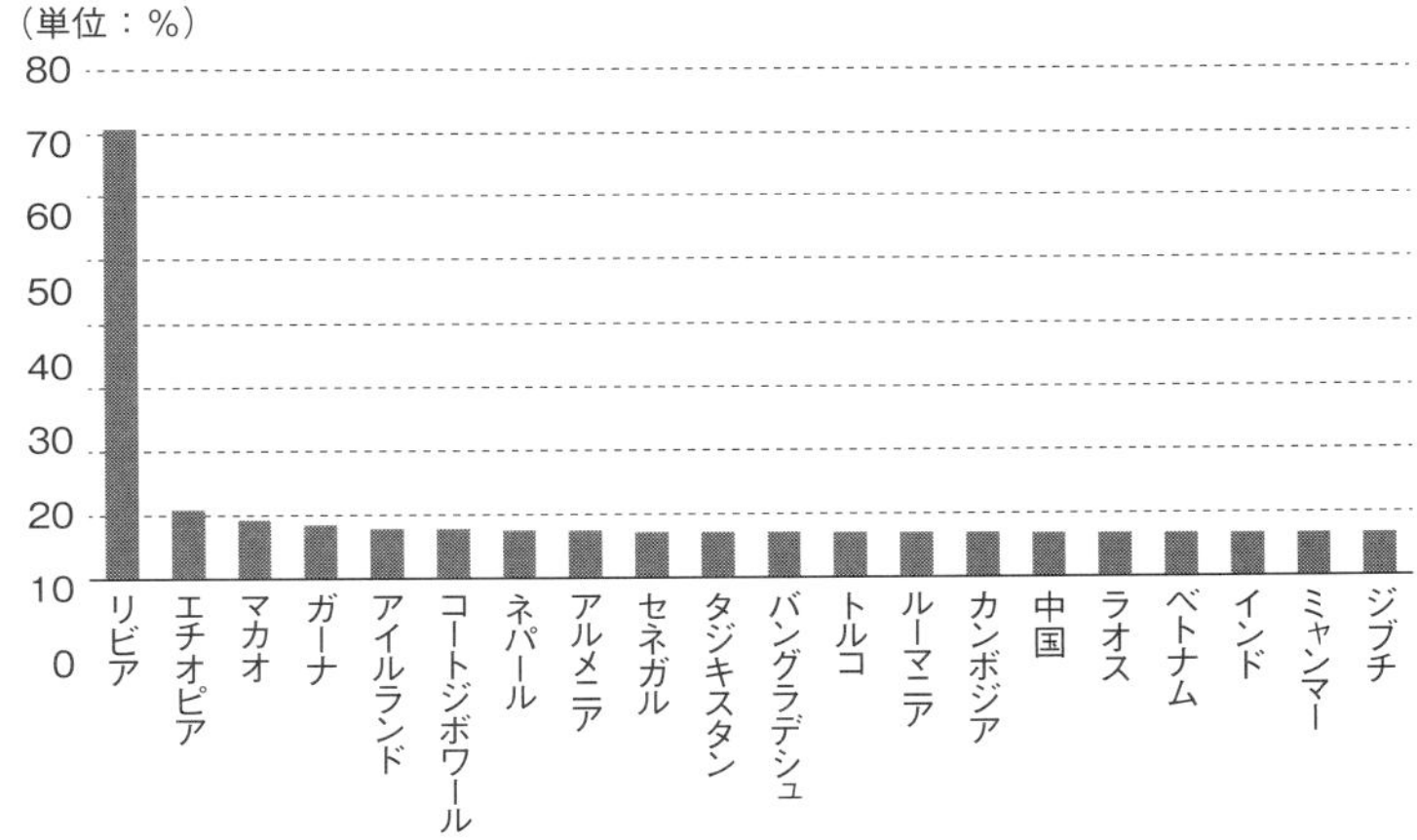

出所：IMF - World Economic Outlook Databases (2018年4月版)

関係しないことがわかる。

最後に、仕事に熱意を持てていない社員の比率を見ていただきたい。日本の異常さが際立っている。かつ、由々しきことに6年前よりもその数値が12%も増えてしまっていて、他の地域とは比べようもないありさまである。常日頃、自分の会社だけ、日本国内だけを意識している分には事の深刻さを感じることは少ないだろうが、こうして海外と比較すると、日本の会社がいかに危機的な状況にあるかが一目瞭然となる。

1-4 日本の会社が、社員の幸せを真剣に考えてこなかったわけ

いま現在、日本の会社は社員エンゲージメントが低く、社員が自分の仕事に熱意を持って幸せに働けてはいないことがわかったが、どうしてそうなってしまったのだろうか？

昔は日本人の勤労に対する価値観が画一的であったが、今の人はその価値観が多様化している、という議論を昨今ではよく耳にする。インターネットやSNSなど、情報の流通経路が飛躍的に進歩し、日々入手できる情報の量が劇的に増えた。特に若い世代を中心に、新しい情報チャネルを巧みに使いこなして、10年ほど前には手に入れることが困難であった情報まで簡単に得られるようになった。さまざまな立場の人が、自らの経験則に沿ったキャリア論を発信し、また以前なら口コミとして希少価値が極めて高かった、会社内の労働環境に関する情報まで手軽に入手できる。「あの会社はやたらと勤務時間が長いらしい」「この会社は目標が厳しく、社風が体育会系だ」など、ややデフォルメされているきらいはあるが、まんざら嘘とはいえない会社評が世間で流布している。

つまり、今の人は働くことに関する情報や、日本の会社に関する情報に触れる機会が圧倒

的に増えたため、自分のキャリア形成に対する考え方も多様になった、というのが価値観の多様化を主張する方々の論旨だと思う。これはこれで一つの道理であるとは思うのだが、日本の会社で社員エンゲージメントが低い理由としては漠とし過ぎている。ここでは、日本の会社員が幸せを感じて働けていない原因を、もう少し丁寧に紐解いてみたい。

人事の世界では常識となっているが、日本には他国に比べて独特といえる雇用慣行がある。新卒一括採用（あるいは定期採用とも呼ぶ）と、終身雇用の二つだ。余談にはなるが、終身雇用は別として、新卒一括採用の慣行は、先進国の中でも異例であることをご存じない方も多い。アメリカやヨーロッパでも、日本と同じように大学か大学院を卒業するタイミングで、定期的に大量採用をしているという思い込みがある。こうした誤解を生んでしまうほど、定期採用はここ日本では当たり前の常識になってしまっているということだろう。

この日本独自の雇用慣行は、作れば作るほどモノが売れて会社は成長し続け、常に人手が足りない状況においては理に適っている。

会社側にとって新卒一括採用を行うメリットは、できるだけ多くの人材を定まったタイミングで確保できる点、高卒や大卒という人材市場が確立しているため、採用業務を効率的に進められる点にある。

また、成長局面においては、基本的には会社が作るモノ、提供するサービスが劇的に変化することはなく、漸次《ぜんじ》の改善によってコスト効率と品質の向上を目指すのが経営の基本となる。したがって、人材の習熟度が極めて大事な成功因子となり、できるだけ自社経験が長い社員を抱えた方が良いという判断が成り立つ。そのため、会社には終身雇用を維持する正当性が生まれる。この終身雇用を社員の側から見れば、長期的に一つの会社で働くことができる上に、年々給与は上がり続けるため、長い目で見た生活設計がしやすいという便益があるのだ。

日本では以上のように会社と社員の思惑が一致して、独自の雇用慣行が確立されてきた。ある意味で、会社は利益創出のための目的型組織ではなく、社員が同じ価値観を共有する共同体、あたかもムラのように機能していた。

良く知られているが、ムラ社会を成立させる条件は、〝明確な序列〟と〝集団の排他性〟である。この二つの条件が、かつての日本の会社には見事に当てはまっている。部長、次長、課長といった厳然たる格が存在し、それは組織内の役割というよりも偉い、偉くないといった上下関係を示す身分に近い。下位者は上位者に従うことが絶対であって、上位者の指示に下位者が異を唱えることは悪とされてきた。この身分的な序列が存在できる理由は、組織に排他性があるからだ。

今はかなり様相が変わってきているが、日本の会社ではその社員のほとんどが新卒で採用された人たち、他の会社を知らない人たちであった。終身雇用で守られ、転職という選択肢はなく、他の会社から中途で入ってくる人もほとんどいない。入社してから退職するまで、周囲の顔ぶれが大きく変わることなく、会社で過ごす年数だけが積み上がっていく。

しかも、一日を振り返ると、会社で働いている時間、同僚と飲みに行く時間（仮にお酒が飲めないにしても）の方が、家族と触れ合う時間よりも長いといったケースが珍しくない。

会社は完全に閉鎖的なコミュニティーとなっていた。このような閉鎖的な共同体では、集団から排他されること、いわゆる村八分が最大の脅威となる。長い時間をそこで過ごし、他に行くところもなければ、共同体の中で居心地の良い立場づくりに腐心するのは当たり前のことである。会社の決め事や上位者の指示に唯々諾々《いいだくだく》と従っていなければ、集団から爪はじきにされてしまうかもしれない。そうした恐怖心が強固な秩序を生み出していた。また、社歌、制服、社員旅行など、ムラ社会を助長するための仕掛けもふんだんに用意されてきた。現在でも、市場競争がそれほど激しくない地方では、濃密な人間関係をベースとした共同体的な会社がまだまだ見られる。

ムラ社会的な日本の会社では、社員は一度就職したら集団の秩序に適合するように努力し、その会社で職業人生を全うすることが絶対的な正義なのだ。社員がこうなのだから、会社は社員一人ひとりの幸せなど真剣には考えてはこなかった。否、考える必要がなかったのである。

時は移ろい、現在多くの会社では、かつてのような共同体的な組織運営が困難になっている。まず、そもそも右肩上がりの成長が止まってしまっている。これまで会社を支えてきた主力事業が成熟期か衰退期に入ってしまい、人手不足の真逆で人員過剰になり、雇用調整の必要にさえ迫られている。社員が会社に一生を捧げようにも、会社には社員の面倒を最後まで見てあげられるだけの体力が残されておらず、共同体を存続させるための前提条件である終身雇用が崩れつつある。伝統的な日本の大企業であっても、大規模な早期退職がもはや自然なことになっている。最近では、共同体的な日本の会社の残された牙城だった大手銀行ですら、大規模な早期退職を実施する始末だ。

人間、自分が属するコミュニティーの変化には敏感なものである。会社の雰囲気がこれまでとは変わってきたと感じれば、このままここで働いていて、幸せに定年退職を迎えることができるのだろうか？　と漠とした不安が頭をもたげてくる。この時点で、既にムラ社会が生み出す一糸乱れぬ強固な連帯感は崩れ去っている。しかし、ある程度の年数を会社で働いてきた社員の多くは、それなりに責任のある立場が与えられ、会社に対する愛着心も芽生えている。あるいは、長年連れ添った伴侶への情のような気持ちがあるのかもしれない。組織の質が変容してしまったとはいえ、ベテランになるほど、直ぐに会社を辞めようという心持ちにはならないようだ。

このことは、先に示した2年未満に今の会社を辞めたいと思っている社員の年代別比率を表したグラフからも読み取れる。（p13図表1参照）

問題はこれからの会社を引っ張っていくべき層である、20代と30代の社員層だ。

ここ10年位で、書店に並んでいるビジネス書の類が圧倒的に増えた。個人的な感覚では、会社運営に関するいわゆる経営書も増えたが、個人の自己啓発を目的としたスキル本、キャリア本の方が激増しているように思う（実際に売れているかどうかは別として）。

ロジカル・シンキングにはじまり、プレゼンテーション術、はては芸術とビジネスなど、その内容は非常に多岐にわたっている。こうした自己啓発本の増加の背景には、さらなるキャリアアップやエンプロイアビリティー、つまりより良い職場に雇われる力を伸ばしたいという20代～30代読者のニーズが存在している。彼らは、日本の会社は盤石などではなく、一度就職したからといって安心できないことを、メディアを通じて、または周囲の先達を通じて知っているため、自分の職業人としての価値を高めようと意識する。情報の発信源である新聞や出版社などのさまざまなメディアは、不安を煽るような論調で日本の会社の凋落を報じる傾向があるため、世情を冷静に見る視座がまだ養われていない若年層が、自己の成長に余念がなくなるのも無理からぬことだ。

自己成長に対する一種の危機意識を持つようになれば、この会社で自分はもっと成長できるのだろうか？　という目線が芽生えてくる。つまりは、20代と30代の社員は、自己成長を実現させる場所として会社を捉える傾向が強い。それはそれで、働くことに対する明確な一つの価値基準である。そして、この傾向は東京や大阪を中心とした大都市圏の方が強いと思われる。ＩＴによる情報革命によって、情報流通の地域間格差がなくなってきたというのが一般論としてあるが、こと就職や就労に関しては地域間で明らかな情報格差、それに伴う意識差が存在する。中部地方にある企業の人事部の方が、東京で採用活動を行っていた際に、面接で「御社は私にどんな機会を提供してくださいますか？」という質問を受けたと驚かれていたことが象徴的に心に残っている。

世間的に見て良い会社へ頑張って入社し、後はその共同体に適応して長い時間をつつがなく過ごす、といった旧来的な価値観を持たない、20代～30代の社員層への上手な対処方法を、日本の会社は十分に見出せていない。先ほど述べた通り、共同体の構成員として染め上げていく以外の組織運営を行ってこなかったのだから、社員一人ひとりの成長機会を真剣に考え、それに応える術を知らないのは仕方のないことだ。かつての経済環境には適していた共同体的な組織運営と、現在の若年~中堅層の働くことに対する価値基準のズレにこそ、日本の社員エンゲージメントが低い原因の本質がある。このズレを矯正するために、日本の会社は人と組織の関係性にメスを入れるべき時を迎えている。

第2章

社員が働くことに幸せを感じる構造

2-1 社員エンゲージメントの高低に影響を与える要素

日本の会社、とりわけ東京や大阪などの大都市圏に本社を構える企業では、社員エンゲージメントに対する関心が確実に高まっている。コーン・フェリーをはじめ、コンサルティング各社が提供している社員エンゲージメント調査を導入し、定点観測的に数年おきに実施している会社も増えている。しかし正直なところ、十数年前にブームとなった社員満足度調査の延長線上で実施している会社が多い、というのが客観的に見た姿だと思う。冒頭でも述べた通り、社員満足度調査は社員側から見た満足度を一方向的に測定しようとするものに対して、社員エンゲージメント調査は会社と社員間の関係性を双方向的に捉えようとするものだ。

会社は社員が期待する事を提供できているか?

社員が仕事に幸せを感じて意欲的に取り組めているか?

この二つの問いを対で測定しようとすることに意味がある。このことを真に理解している会社はまだ少ない。

ただし、まだ少ないながらも、これまでとはどうも会社と社員の関係性が変わってきているようだと気づき始めた会社もある。そういう会社は社員が自社で働くことに意義を見出しているのか？　という疑問を持ち始めている。この素朴な課題意識こそがすべての出発点なのだ。

「昔、私たちが作っていた製品はシンプルで、お客様の顔が良く見えたし、お客様が満足されているか、満足されていないかもダイレクトに把握することができました。ところが、会社が成長するにつれて製品は多角化し、おまけに製品の流通チャネルも複雑になったため、今では私たちの製品を最終的に使ってくださるお客様が遠くなってしまいました。かつては、社員皆が目の前のお客様のため、ひいては会社のためと一枚岩になっていた感がありましたが、今は淡々と仕事をこなしている熱量の低い社員が多いように感じています。そのことが、会社の業績がここ数年伸びていない原因のすべてとは思いませんが、一つの課題であると思っています」

これは、ある精密機器メーカーの経営に近い立場の方が実際に仰っていた言葉だ。

その分野では未だに世界トップシェアを誇っている、ある素材メーカーの人事部長も実に興味深いお話をされていた。

「私たちの製品は、何十年も世界でトップのシェアを維持しています。今でも、いろいろなところで自社の名前の入った製品を目にする機会があり、社員として誇りを感じることができます。ただ、かつては自社が圧倒的な技術の優位性を持っていましたが、欧州や中国のメーカーの台頭で、その優位性は既に崩れてしまい、何年も前から厳しい価格競争に飲み込まれてしまっています。事業の生命線である世界トップシェアは何とか死守していますが、継続的な価格下落の結果、ここ数年は赤字が続いています」

「元来、製造現場の事業所が強かったため、地域との結びつきや、事業所内での社員の家族的な交流が盛んで、とても濃厚な人間関係が特徴的な会社だったと思います。公私を問わずお互いを良く知った上で仕事に励み、出来上がった製品は世界ナンバーワンだという自負が、この会社を支えてきたことは間違いありません。ところが、近年は赤字が続いていて、その誇りは段々と薄れてきてしまっています。数年前に、大幅な人員削減も行いました。若手や中堅の離職率の低さが人事部の自慢だったのですが、将来への不安に駆られているのか、離職率が年々上がってきています。また、濃厚な人間関係を重視するカルチャーも、若年層には重荷に感じるようで、離職の一つの原因になっているみたいです。とても残念なことですが、いろいろと考え直すべき時に来ていることは事実です」

これらの会社で起こっていることは、日本の会社の一つの縮図であると思う。今までの成功を支えてきた組織運営では、社員が幸せを感じつつ熱意を持って働けなくなっている。確かに、経営としてはとても嘆かわしい状況ではあるが、少しでも課題意識を持ったなら、それは社員エンゲージメントに目を向ける好機だともいえる。

本腰を入れて、社員エンゲージメントを高めるために必要なことを考察するべきだ。

この章では、日本の会社を対象としたコーン・フェリーの社員エンゲージメント調査結果を基にして、日本の会社員が熱意を持って働くための因子について明らかにしていきたい。

調査結果を眺める前に、まずコーン・フェリーが行っている社員エンゲージメント調査について簡単に解説する。調査の構造は極めてシンプルで、原因と結果の因果構造になっている。結果としての社員エンゲージメントのレベルを測定し、社員エンゲージメントの高低に大きな影響力を持っている項目を原因として測定する。平たくいうと、その会社の社員エンゲージメントがどの程度のものなのか、その原因となる要素の中で何が良くて何が悪いのかを数量化するものである。この構造自体は、何もコーン・フェリーに限ったものではなく、社員エンゲージメント調査を提供しているコンサルティング各社で共通したものだ。

社員エンゲージメントのレベルを測定するための設問は、先述の図表6の通りである（p24図表6参照）。

この会社で働くことに対して、また今の仕事に対して誇りや熱意を持っているかを、複数の角度から聞く形になっている。もう一方の、社員エンゲージメントの高低に影響する因子の項目を、コーン・フェリーではドライバーと呼んでいる。このドライバーは机上で考えて決めたものではなく、コーン・フェリーが長年の実証研究を通じて見出した因子たちだ。

コーン・フェリーは欧米先進国の大企業を主な対象に調査を行い、大量のサンプルを収集し、統計解析を行ってきた。要は、多くの会社で共通的に、社員エンゲージメントの高低に強い相関を示した項目をピックアップしたものである。裏を返せば、これらの因子が総じて高い会社は、社員エンゲージメントも高いという実証的な裏付けがあるということになる。

図表9を見れば、「それは大事だよね」と誰しもが感じる項目が並んでいることがおわかり

図表9　社員エンゲージメントのドライバー

戦略・方向性	・経営目標や戦略が社員に理解・支持されており、各自が自分の職務と関連させて受け止めているか？	業績管理	・社員は自分に求められている成果を認識し、業績に見合った報酬を得ていると考えているか？
リーダーシップ	・経営陣の会社運営はうまくいっており、信頼感を得ているか？	権限・裁量	・自分の仕事を効果的に行うために十分な権限を持っているか、提案したことが採用される機会があるか？
品質・顧客志向	・顧客を中心に考え、質の高い商品・サービスが提供できているか？	リソース	・仕事を効果的に進めるためのヒト、モノ、カネ、情報は十分か？
個人の尊重	・個人としての立場が尊重され、良い仕事をしたときに認めてもらえるか、また仕事と個人の生活は両立できているか？	教育・研修	・新入社員やあなた自身にとって十分な教育・研修の機会が提供されているか、そのために仕事を離れることが可能か？
成長の機会	・組織において学習し、成長する機会がどの程度あるか、また上司が自分の成長をサポートしてくれているか？	協力体制	・所属するチーム内、あるいは部門間の協力体制は良好か、アイデアやリソースを組織間で共有する風土があるか？
報酬・福利厚生	・同業他社と比較して、報酬に対する納得感、公平感があるか？	業務プロセス・組織体制	・業務手順が整理されており、新しい方法が取り入れられているか、効果的な組織体制になっているか？

いただけると思う。社員は、ここに並んでいる因子を、会社が自分に提供してくれる価値として捉えているということだ。

調査上では、ドライバーの各項目に三〜五つの設問がぶら下がる形になっている。

ドライバーをよくよく眺めてみると、**「個人の尊重」**や**「成長の機会」「報酬・福利厚生」**といった項目は、会社への帰属意識や仕事への熱意へダイレクトに作用すると直感的に思われるだろう。それぞれの項目の具体的な設問は、**「個人の尊重」**では「私は一個人として尊重されている」、**「成長の機会」**では「当社において、私のキャリア上の目標を達成できる見込みがある」となっており、確かに社員エンゲージメントに大きな影響がありそうだ。

ところが、**「戦略・方向性」**や**「品質・顧客志向」**などの項目が社員エンゲージメントを左右するといっても、人によってはピンとこないかもしれない。会社の業績には重要な因子であることに疑いの余地はないが、果たして社員の感情に情緒的なインパクトを持つものなのだろうか？　と思われても不思議はない。

あるいは、欧米の会社を研究のサンプルとしたからであり、日本の会社には当てはまらないのではないかという向きもあるかもしれない。しかし、今回の分析によって、実際はここ日本でも一見すると非情緒的とも思えるこれらの因子が、社員の心に灯をともす上で極めて大事であることがわかった。この点については、後ほど詳しく述べていきたい。

さて、調査の概要について押さえた上で、ここからは日本の会社を対象とした調査結果に踏み込んでいきたい。今回の調査分析の対象は、２０１５〜１７年の間にコーン・フェリーが調査を実施した日本企業約30社で、サンプル数（つまり回答した社員の総数）はおよそ23万人にも及ぶ。約30社の構成は、商社／金融／サービス業／各種メーカー（消費財、自動車、化学品、製薬、産業機械など）といった具合に業種のバラエティーに富んでおり、規模も5万人を優に超える会社から１００人強の会社までと多様になっている。この対象社数やサン

図表10　社員エンゲージメント調査の調査対象

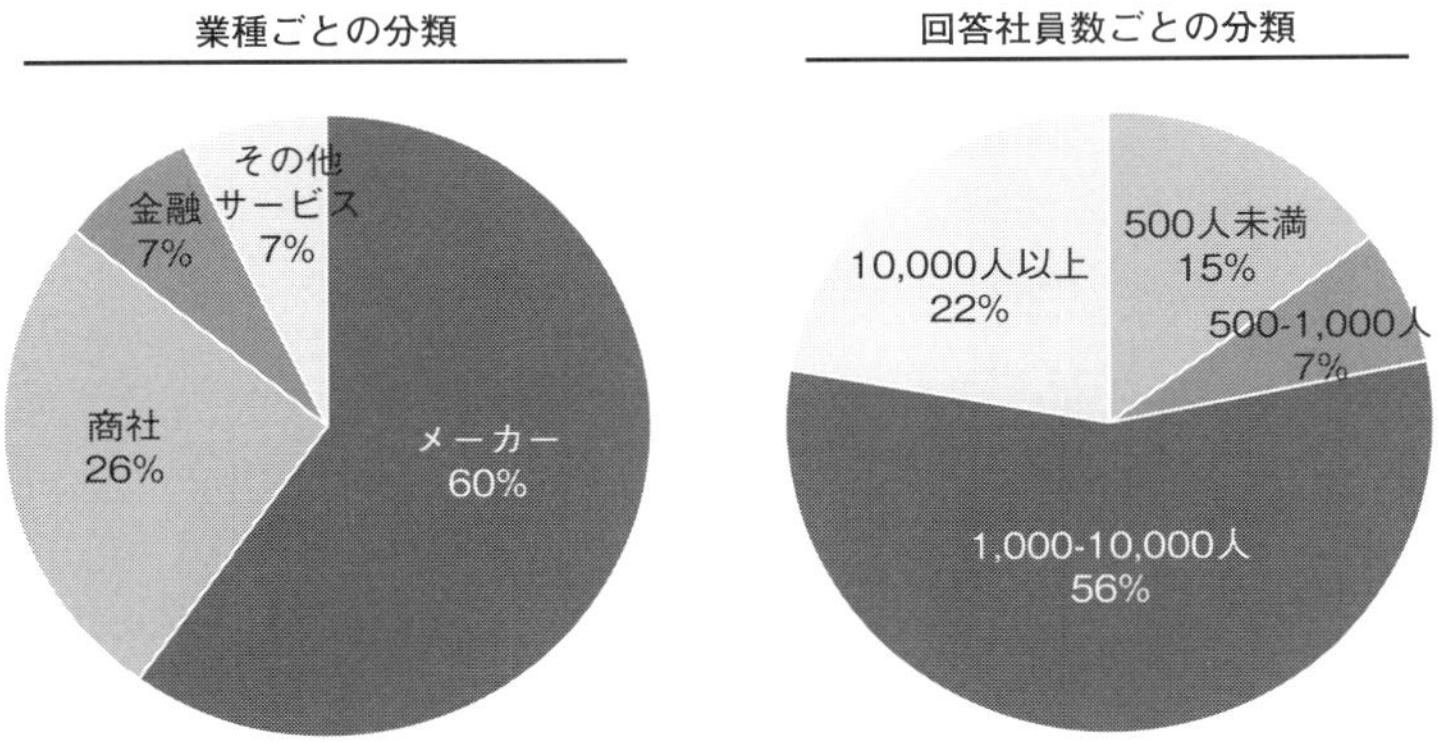

プル数、会社の構成は、日本の会社員の傾向を捉える上で十分なものだといえよう。日本人の傾向を把握することを主眼としているため、日本の本社に勤務する外国人、海外拠点や海外のグループ会社に所属する外国人は分析対象から除いている。

最初に、調査結果を俯瞰していきたい。調査結果を読み解くにあたっては、設問に対して肯定的な回答をした社員の比率を見ることが大前提になる。コーン・フェリーの社員エンゲージメント調査は、5段階のスケールで回答する形式になっている。例えば「私は当社で働くことに誇りを感じる」という設問に対して、回答者は1．非常にそう思う／2．そう思う／3．どちらともいえない／4．そう思わない／5．まったくそう思わない、と

図表11 社員エンゲージメント調査の選択肢

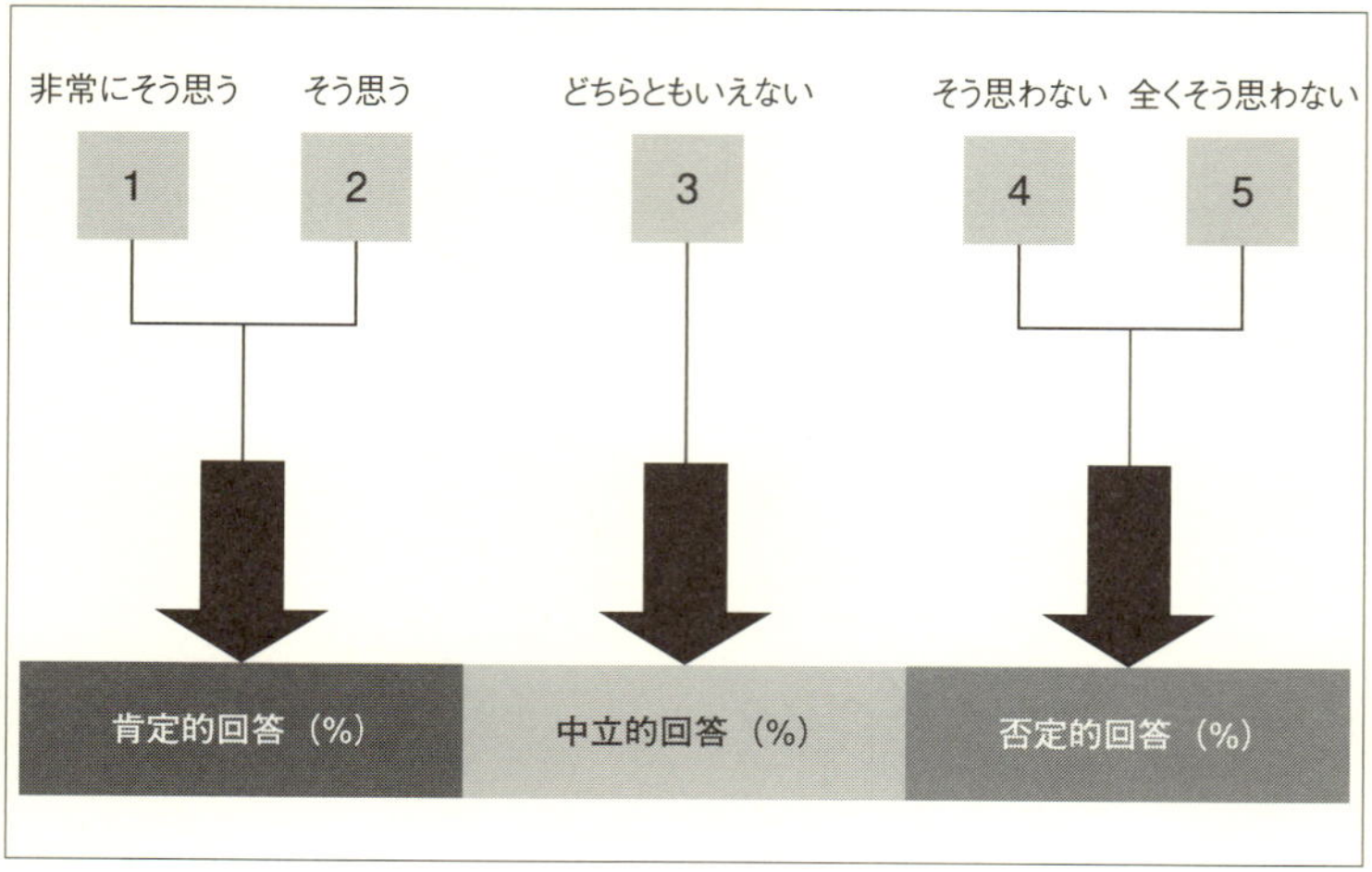

いう五つの選択肢のいずれかを選ぶ。

この選択肢の中で、1と2を肯定的回答、3を中立的回答、4と5を否定的回答として大きく3分類する。この中で、まずは肯定的な回答をした社員の比率に着目し、その高低でもって調査結果を捉えると理解が容易である。

さて、最初に気になるのは、結果である社員エンゲージメントのレベルに、会社間でどれ位の差があるのだろうか？ということだ。結論からいえば、社員エンゲージメントの結果が良かった会社と悪かった会社の間で、肯定的な回答率に5倍ほどの差がついている。最も社員エンゲージメントのレベルが高かった会社では、肯定的な回答率が56％になっている。反対に、最も低

図表12 会社別の社員エンゲージメント

	業種	回答社員数	肯定的回答率
上位7社	商社	1,000-10,000人	56%
	商社	1,000-10,000人	55%
	商社	1,000-10,000人	54%
	素材	1,000-10,000人	46%
	化学・製薬	1,000-10,000人	45%
	消費財	1,000-10,000人	44%
	機械・自動車	10,000人以上	37%
下位7社	機械・自動車	1,000-10,000人	19%
	化学・製薬	1,000-10,000人	19%
	化学・製薬	500-1,000人	16%
	機械・自動車	10,000人以上	16%
	機械・自動車	500-1,000人	16%
	サービス	1,000-10,000人	15%
	サービス	500人未満	12%

出所：コーン・フェリー社員エンゲージメント調査結果

かった会社の肯定的な回答率はたったの12％しかない。一つの目安として、肯定的な回答率が50％を超えている会社を取り上げると、約30社中で3社存在している。

守秘義務の関係で会社名までお伝えするわけにはいかないが、この3社は社会人であれば誰しもが知っているだろう有名企業だ。日本の会社の中では異例的に社員エンゲージメントが高い、ごく僅かな企業ということで、稀有な例といえる。一方で、肯定的な回答率が10％代の会社は7社も存在している。実は、この7社の中にも世間的に名の通っている大企業がいくつか含まれている。その会社の中で活き活きと働いている社員が十人に一人しかいないとは、傍からは想像がつかない企業だ。しかし、そ

図表13 社員エンゲージメントと相関が高いドライバー

	ドライバー
1位	顧客に提供する体験的価値への自信
2位	成果創出に向けた効果的な組織体制
3位	自社におけるキャリア目標達成の見込み
3位	生産性を高めるための環境整備
5位	やりがいや興味がある仕事を行う機会
6位	仕事を進めるための十分な人員の確保
7位	一個人としての尊重
7位	自社の戦略と目標に対する信頼感

出所：コーン・フェリー社員エンゲージメント調査結果

の会社の内実を一度知ってしまうと、確かにこれでは社員エンゲージメントが低くても仕方ないな、と感じざるをえないところがある。その内実については、次の第3章で詳しく見ていきたい。

社員エンゲージメントが高い会社と、低い会社でこれだけの大きな差がついてしまう原因は何なのだろうか？

次に、日本の会社において、社員エンゲージメントの高低と相関が高いドライバーを分析する。社員エンゲージメントとの相関が特に高かった八つのドライバー項目を、高い順に並べてみる。

図表13に並んでいるのは、今回の調査対象となっている約30社の社員、約23万人の

エンゲージメントに対して、強い関係性を有している因子群である。驚くべきことに、最も相関があるのは**「顧客に提供する体験的価値への自信」**だった。体験的価値とは英語でいうと、Customer Experience（カスタマー・エクスペリエンス）のことで、自社の製品やサービスを通じて顧客が体験することができる感覚的、情緒的な価値のことである。多少デフォルメしてわかりやすくいうと、顧客に対して感動なり満足感を持ってもらえる製品やサービスが提供できているという自負心の有無が、社員のエンゲージメントを大きく左右していることになる。高品質な〝おもてなし〟で有名なホテルや旅館が、身近な一例にあげられるだろう。そうしたホテルの従業員は、こちらの想像を超えるような気遣いの行き届いた接遇を行い、宿泊客には感動にも似た驚きと、充実した時間を提供してくれる。そして、そこで働く従業員も、活き活きと誇りを持って仕事をしていることが宿泊客にありありと伝わってくる。そんなイメージに近い。

次に相関が高いのは、**「成果創出に向けた効果的な組織体制」**である。成果を上げるために、無駄や非効率のない筋肉質な組織になっているか、ということだ。この項目がこれほどまでに上位にあがってくるとはあまり予期していなかったが、それだけ自社の組織体制に無駄を感じて士気を低下させている社員が多いということだろう。

3番目は僅差で、**「自社におけるキャリア目標達成の見込み」**が予想通りに上位にきている。

近年の20代～30代の社員は、総じて自己成長に対する意識が高いという通説からすると、最も相関が高い項目であっても不思議がないくらいだ。このキャリア目標達成の見込みと同じ相関係数で並んでいるのが、**「生産性を高めるための環境整備」**である。確かに、仕事の生産性が落ちてしまうような、仕事がやりづらい環境であれば、誰だってやる気が削がれてしまうだろう。5番目は**「やりがいや興味がある仕事を行う機会」**という、自己成長や自己実現の文脈で捉えられる項目があがっている。**「仕事を進めるために十分な人員の確保」**は、先述の組織体制や環境整備と同様、仕事の制約となりうる要因の有無に関するもので、**「一個人としての尊重」**は会社への帰属意識を形づくる上で重要なのは言うまでもない。

「顧客に提供する体験的価値への自信」と似た意外性があるとすれば、**「自社の戦略と目標に対する信頼感」**ではなかろうか。正直なところ、筆者自身も日本の会社を見ていて、役員などの経営幹部を除いた多くの社員層が、そこまで会社の経営戦略や戦略的目標を意識して日々の仕事に取り組んでいるとは思っていなかった。しかし、社員エンゲージメント調査に関して、いくつかの会社で深掘りインタビューを行ってみると、この項目が上位にあがってくる理由にしみじみと納得できるものがあった。戦略の〝適正さ〟という理性的な思考を問うているのではなく、〝信頼感〟という感情的な受けとめを問うている点がミソなのだ。もしも「適正か?」と問えば、自社の戦略は他社に勝てそうなものになっているか、合理的に

図表14 肯定的な回答率が最も高い会社と最も低い会社の差分

	ドライバー	最高値と最低値の差分
1位	顧客に提供する体験的価値への自信	50pt
2位	成果創出に向けた効果的な組織体制	37pt
3位	自社におけるキャリア目標達成の見込み	34pt
3位	生産性を高めるための環境整備	38pt
5位	やりがいや興味がある仕事を行う機会	31pt
6位	仕事を進めるための十分な人員の確保	38pt
7位	一個人としての尊重	42pt
7位	自社の戦略と目標に対する信頼感	62pt

出所：コーン・フェリー社員エンゲージメント調査結果

考えて正しい勝ち筋が描けているかなど、理性に訴えかける設問になるはずだ。しかし、「信じられるか？」と設問では問うているので、戦略の合理性というよりも、琴線に触れる戦略であるかを聞いていることになる。何かを信じられるかどうかは理性的、客観的な基準によって決まるものではなく、もっと主観的な情緒の問題だからである。

さて、ここまでで日本の会社において社員エンゲージメントに大きく影響する因子はわかったが、社員エンゲージメントが高い会社と低い会社で、これらの因子の内で何が大きく異なるのだろうか。日本において、社員エンゲージメントの高低を決める会社間の差を見てみたい。

図表14は、先に示した社員エンゲージメントとの相関が特に高いドライバーの各項目について、肯定的な回答率が最も高い会社と、低い会社の差分を付け加えている。

会社間の差分が一番大きいのは、**「自社の戦略と目標に対する信頼感」**で、62ポイントも差が存在する。その次に差分が大きいのは**「顧客に提供する体験的価値への自信」**である。反対に、会社間での差分が小さかったのは**「やりがいや興味がある仕事を行う機会」**や**「自社におけるキャリア目標達成の見込み」**といった、自己成長や自己実現に関係する項目だった。これは考えようによっては違和感のない結果に感じられる。

第1章で論じたように、日本の会社は社員一人ひとりの成長機会やキャリアについて、真剣に考える必要性もその土壌もなかった。今でこそ社員の成長を人事の柱として打ち出している会社も出てきたが、第三者として冷静に見ると、実態はどこも似たり寄ったりというのが正直な感想だ。一方の戦略や顧客への提供価値は、会社の事業そのものである。会社が営んでいる事業が異なれば、当然のことながら戦略も異なり、顧客に提供できる価値も変わる。こういってしまうと、会社の事業内容によって社員エンゲージメントの高低が決まってしまうと思われるかもしれない。身も蓋もない話かもしれないが、そういった側面は確かにある。

実のところ、社員エンゲージメントが高い会社には、名だたる総合商社が多い。これらの総合商社の社員は、国（日本）の発展に貢献している、という強い自負心を本当に持っている。確かに、総合商社の主業務であるトレーディングや事業投資を通じて「日本の基幹産業の商流を支える」、こうしたメッセージが経営から繰り返し発信されているし、実際に産業界へ貢献していると社員が感じられる機会が数多く存在する。しかし、社員エンゲージメントが高いのは総合商社だけかというと、決してそんなことはない。消費財メーカーや製薬メーカーなども、高い部類に含まれている。加えていうと同じ消費財メーカー、製薬メーカーにカテゴライズされる会社であっても、社員エンゲージメントが中庸な水準、もしくは低い水準の会社も存在している。つまり、事業内容そのものがエンゲージメントの高低に影響することは間違いないものの、それだけで決まるわけではなく、会社の努力によっても変わってくる、そういうまだ救いのある結論が導き出せる。

最後に、日本の会社において、社員のエンゲージメントにはあまり寄与しないドライバーについても見てみたい。そうすることで、社員の会社に対する帰属意識や愛着心に貢献すると一般論化していたものが、いくつかは実は誤解だったことがおわかりいただけると思う。

図表15は、これまでと同じように、約30社の日本の会社を対象として、社員エンゲージメントの高低と相関を取ったものである。表では相関が弱いボトム5（相関係数0.4未満）を並べている。最も相関がないのは、実は**「自分のニーズに即した福利厚生の充実」**となってい

図表15 社員エンゲージメントと相関が低いドライバー

	ドライバー
1位	自分のニーズに即した福利厚生の充実
2位	仕事に関連した研修への参加のしやすさ
3位	仕事を効果的に行うためのリソースの確保
	2〜3年先の業績見通しの明るさ
	所属するチームの協力体制

出所：コーン・フェリー社員エンゲージメント調査結果

る。近年では、費用の関係から福利厚生の再整理がトレンドになってはいるが、かつては日本の会社が躍起になって充実化を図っていたあの福利厚生である。自分の生活ニーズに即した福利厚生が揃っていた方が社員としては嬉しいはずだと、何となく誰しもが思うだろう。ただ、自分ごととして振り返ってみると、法定の福利厚生すらきちんと提供されないのは論外としても、それ以外の福利厚生面が簡素だからといって、それが会社を辞めるほどの原因になるかというと、そんなことは決してないはずだ。あるに越したことはないが、ないからといって致命傷にはならない、福利厚生はそうした位置づけのものだと今回の分析結果が物語っている。

もう一つ、会社の業績が良ければ社員は活き活きと働けるのではないか、という一般的な通念がある。会社の業績によって昇給、ボーナス、昇進など、社員の懐具合が大きく左右されるのは事実だ。会社員であれば、会社業績によって自分の生活設計が変わってくるのは動かしようのない与件である。それゆえに、将来の業績見通しが明るければ仕事にも身が入るだろう、という主張ももっともらしく聞こえる。しかし、実態は異なるようである。分析結果から、**「2～3年先の業績見通しの明るさ」**は、さして社員エンゲージメントには影響しないことがわかる。確かに、2～3年といわず、この先しばらくは会社の業績が上向く気配がないとしても、それだけで社員の愛社精神が損なわれ、目の前の仕事への熱意を失うだろうか？　むしろそうした苦境でこそ、粉骨砕身《ふんこつさいしん》して頑張ろうとする社員だっているはずだ。会社の業績が良い方が組織としての勢いが出て、社内の雰囲気も明るくなりやすいのは間違いないだろう。ただ、業績がダイレクトに社員のエンゲージメントを左右するかというと、答えは明確に否ということだ。

社員エンゲージメント調査の結果が悪かった会社で、「当社の業績が芳しくないことが根本的な問題です」と仰る経営層の方が稀にいらっしゃるが、それは完全な言い訳である。

2-2 手本とすべきグローバル企業との比較を通じて学べること

ここまでの分析を通じて、日本の会社において、社員のエンゲージメントに大きな影響を与える因子について明らかにしてきた。次なる論点は、エンゲージメントを高めようとした時に、そうした因子を容易に改善することができるのか？ということだ。例えば、「この会社では自分のキャリア目標を達成することができそうだ」と社員に感じてもらうことが、簡単にできるのだろうか。あるいは、「この会社は顧客に対して唯一無二の価値を提供している」という自信を、社員に植え付けることは可能なのだろうか。要は、社員エンゲージメントを高める上で、実現可能性が高い手の打ちどころがどこにあるのかを探ってみたい。

実現可能性を検証する行為を英語ではFeasibility Study（フィージビリティ・スタディ）という。Feasibility Studyの定石となっている手段は、ベンチマーキングである。自分たちよりも進んでいると思しき相手と比較を行って、その相手は自分たちがやろうとしている試みを実現できているか、はたまた実現にあたって乗り越えるべき障害はどこにあったのかなどを学ぶ。今回のケースで考えると、日本の会社の比較対象とすべきは、欧米の先進国に本籍を置くグローバル企業になると思う。何でもかんでも、欧米のグローバル企業を模範にすれば良いというものでもない。ただし、こと社員エンゲージメントを高める取り組みに関しては、やはり欧米のグローバル企業が良いベンチマーク対象になる。それは単純に、日本の会社よりも彼らの方が社員の帰属意識を高め、貢献意欲を引き出す努力を行っているからだ。欧米のグローバル企業には、そうした努力を行わざるをえない二つの理由がある。

そもそも、日本はほぼ単一民族国家であって社員も同質性が高いのに対して、欧米とりわけ米国などは、多民族、多種族国家で、社員の属性も多様なものとならざるを得ない。日本の会社は、同質性を背景としてムラ社会的な組織運営を行ってきたが、欧米の企業は多様性を何らかの形で飲み込んだ組織運営を行わなければならなかった。極論すると、日本では社員を一つの色に染め上げげようとしてきたといえ、欧米では個々の社員をケアしようとしてきた、という対比構造になる。事実、経営の中に社員エンゲージメントという概念を適用する先鞭をつけてきたのは、欧米のグローバル企業群なのだ。

もう一つの理由は、欧米のグローバル企業は、優秀な人材の引き留めに躍起にならないといけない事情があるということだ。ご想像の通り、アメリカや西欧諸国では、ここ日本よりも人材マーケットが発展しており、転職、キャリアチェンジが当たり前のように行われている。放っておけば、今より良い（と本人が思う）条件を提示してきた競合に、優秀な人材が引き抜かれてしまう。今でこそ日本の会社もいわゆるリテンションの必要性を理解してきたが、欧米のグローバル企業にとってリテンションは本当に死活問題なのだ。グローバル企業ともなれば、本籍のあるアメリカや欧州だけで人材の採用を行っているわけではなく、近年、人材獲得競争が激しくなっているインドや東南アジアでも、リテンションの努力を怠るわけにはいかない。

優秀な人材を社内に引き留めるのは、単にお金だけではない。もちろん、自社と競合他社との間に、明確な報酬水準格差があるのであれば、それは大きな問題になりうる。しかし、退職した社員に対する、退職理由の聞き取り調査を行ってみると、お金以外の要因が上がってくるケースが多い。今以上の権限を行使できるポジション、より大きな事業機会、自由に使えるリソースの増加、または会社の掲げる理念への共鳴など、人によってさまざまではあるが、必ずしもお金が転職理由ではないのは間違いない。日本でも同じだが、社員が具体的な転職先を検討し始めたタイミングで引き留めようとしても、往々にして時すでに遅しである。欧米では、社員の目が外に向いてしまわぬように、常日頃から観察して手を打っておく必要があるのだ。

日本の会社において、実現可能性が高い手の打ちどころを考察する上で、欧米のグローバ

図表16 日本企業とグローバル企業の肯定的な回答率

ドライバー	グローバル企業	日本企業	差分
戦略・方向性	74%	60%	14pt
リーダーシップ	59%	47%	12pt
品質・顧客志向	77%	56%	21pt
個人の尊重	68%	55%	13pt
成長の機会	62%	53%	9pt
報酬・福利厚生	52%	42%	10pt
業績管理	69%	60%	9pt
権限・裁量	70%	61%	9pt
リソース	63%	44%	19pt
教育・研修	56%	47%	9pt
協力体制	64%	52%	12pt
業務プロセス・組織体制	59%	41%	18pt

出所：コーン・フェリー社員エンゲージメント調査結果

ル企業からの学びが活かせる理由がおわかりいただけたことと思う。では実際に、日本の会社とグローバル企業の調査結果を比較してみたい。最初に概観として、日本の会社と、欧米のグローバル企業における肯定的な回答率の平均値を、ドライバーごとに比較する（図表16）。

パッと見てわかるのが、すべてのドライバーについてグローバル企業の平均値の方が高いことだ。しかも、全体としてかなりの開きがあるように見える。ただ、ここで一つお断りを入れておかねばならないことがある。

この手の、回答者の主観を問うようなアンケート調査では、回答傾向に国民性があらわれるものだ。お聞きになられたことがあるかもしれないが、日本人は保守的な傾向があり、他国と比べると回答が中心に寄りがちである。5段階スケールの場合、中心の3に偏ってしまうということだ。他方、アメリカや中国など、自分の意見を声高に主張することが是とされるお国柄だと、回答はもっと両極、要は1や5に振れる傾向がある。従って、今回の比較でも、日本とグローバルの差分の大きさを絶対値で捉えてしまうことは難しい。日本の会社と欧米のグローバル企業間の絶対差は、表が指し示すほど大きいものではないかもしれない。しかし、反対の見方をすれば、これだけの差がついているのだから、国民性による回答傾向を考慮したとしても、やはり両者の間には少なくない開きがあるといえよう。

個別に、両者で差分の小さいドライバーと、差分の大きいドライバーを見ていきたい。両者間の差分が最も少ないのは、**「成長の機会」「教育・研修」「業績管理」「権限・裁量」**といったドライバーだ。直感的には、グローバル企業の方が社員の成長を意識し、そのための教育機会を充実させている印象があるだけに、実は日本の会社とあまり変わらなかったという結果には意外性がある。また、最も差分が小さいわけではないが、**「個人の尊重」**も両者間の開きが大きいとは決していえない。これもこれで、欧米のグローバル企業は社員個人を尊重しているはずだという予想に反する結果であり、とても興味深い。

反対に両者の差分が大きく、グローバル企業の方が優れているドライバーは**「品質・顧客**

志向」「リソース」「業務プロセス・組織体制」「戦略・方向性」である。どちらかといえば、戦略論や組織マネジメント論に関する項目だと総括できる。マクロで捉えれば、顧客に提供する価値と品質を考え、勝てる戦略を構想して、それを実現するためのリソースを用意し組織とプロセスを構築する。こうした企業経営の根幹ともいえる一連の流れは、欧米のグローバル企業に一日の長があるということだろう。そして、グローバル企業における経営の営みは、確実に社員の琴線に触れているといえる。

日本の会社とグローバル企業との比較分析を単純化すると、双方ともに社員一人ひとりの成長を後押しする面ではあまり違いがなく、両者で大きな違いがあるのは顧客に対する姿勢であり、企業経営の幹となる戦略設計と組織設計なのだ。この違いの中にこそ、日本の会社が学ぶべき点が潜んでいる。それを探るべく、次はもう少し踏み込んで、先述の日本の会社で特に社員エンゲージメントに大きな影響を及ぼす因子について、グローバル企業とのベンチマークを行ってみたい。

図表17は、先ほどの図表13（p48参照）と同様に、日本の会社で社員エンゲージメントと強い相関があった因子を並べたものだ。そこに、各因子の日本平均とグローバル平均との差分を追加している。ここで検証したいのは、日本の会社が対策を講じる余地のある因子、グローバル企業を見習うことができる因子は何かである。両者の差分を見て明確にわかるのは、

図表17 エンゲージメントと相関が高いドライバーにおける肯定的回答率

ドライバー	グローバル企業	日本企業	差分
顧客に提供する体験的価値への自信	78%	54%	24pt
成果創出に向けた効果的な組織体制	53%	37%	16pt
自社におけるキャリア目標達成の見込み	55%	46%	9pt
生産性を高めるための環境整備	62%	43%	19pt
やりがいや興味がある仕事を行う機会	75%	67%	8pt
仕事を進めるための十分な人員の確保	50%	29%	21pt
一個人としての尊重	80%	64%	16pt
自社の戦略と目標に対する信頼感	67%	56%	11pt

出所：コーン・フェリー社員エンゲージメント調査結果

「顧客に提供する体験的価値への自信」で大きな差がついていることだ。そしてその次に**「仕事を進めるための十分な人員の確保」「生産性を高めるための環境整備」**における差が大きい。一方で、**「自社におけるキャリア目標達成の見込み」**と**「やりがいや興味がある仕事を行う機会」**は、日本の会社とグローバル企業でかなり近接している。この結果が意味していることは明快だ。

日本の会社は、社員に対して顧客に提供している価値を十分に伝えきれていない。あるいは、顧客目線で見た自社の存在意義が、社員にとっては不明瞭な場合が多いということだ。同時に、十分な成果を上げるための組織体制なり人員が整っていない、そう社員が捉えている。そして、それらの不足感が社員エンゲージメントの低下を招いてしまっている。しかし、幸いなことに、これらの因子はグローバル企業ではより高い水準にあり、上手くやれば日本の会社も改善できる可能性が残されている。その反面、社員の成長や自己実現の支援については、欧米のグローバル企業でも日本と大差なく、重要であることを否定するものではないが、成功例が少ない、難易度が高い取り組みであると結論づけられる。

社員が会社に所属することに喜びを得て、熱意を持って働くためには、自社の存在意義を社員に感じさせることが、費用対効果の面からも鍵となりそうだ。

2-3 何より大事な会社の存在意義

言うまでもないことだが、会社には顧客がいて、その顧客の何らか役に立つために製品やサービスを提供している。顧客は法人や官公庁の場合もあれば、一個人の場合もある。いずれにしても、シンプル化すると誰かの役に立つために会社は存在している。こう書くと極めて月並みで当たり前のことだが、自社は誰の何の役に立っているのかが、社員には見えづらく、感じにくくなっていることも少なくない。特に、事業が多角化した大企業や、他社と比べて競争力が劣後してしまっている企業などにおいて、その傾向が見られる。

事業、製品が広がれば、それだけ顧客の数が増え、顧客の特徴や性質も一口では語り切れないようになる。例えば、日立製作所や三菱電機などに代表される、総合電機メーカーを思い出していただきたい。法人向けの事業もあれば、家電のように個人向けの事業もある。電車や半導体を作っていると思いきや、情報通信システム、テレビやＤＶＤプレイヤーまで販売している。これだけ多角化していると、会社は誰の役に立つために存在しているのかを、端的に表現するのは至難の業になってくる。隣の事業部では、どんな製品を誰に売っているのかよく知らない、といった事態も笑いごとではなく本当に起こる。何も、先ほどあげたような企業の社員エンゲージメントが低いと断じているわけではない。事実、コーン・フェリーの調査で、それほど結果の悪くない総合電機メーカーも存在している。ただ、構造的に見て、一つの会社として強い求心力を持った存在意義のメッセージングを社員に行っていくのは難しいことに間違いない。

事業の種類、顧客の特徴や数が多岐にわたったとしても、先ほどの総合商社のように、社員がその会社に属していることに誇りを持ち、社員の間に共通のアイデンティティーが確立されている例もある。5大商社、7大商社と言われるような総合商社は、日本の発展のために商いを行って、国の基幹産業を支える商流を作ってきたという歴史的な経緯がある。その歴史的なストーリーや知名度だけでも、社員がその会社に所属する自尊心をくすぐるものが十分にある。総合商社の事業は、大きく見るとトレーディングと事業投資の二本柱によって支えられているが、相手にする産業分野はエネルギー、金属、機械、化学品、生活産業材と、進出していない分野はないといっていいほど多様である。当然、それぞれで取り扱っているものがまったく異なれば、商流も分野によって、下手をすれば人によって異なってしまう。いくら会社が培ってきた歴史的な重みがあるにせよ、事業内容をこれだけ一言で言い表すことが困難な中で、よくもこれだけ会社として強い求心力を保てるものだと感嘆する。

「我々が提供できる機能価値は？」「当社の付加価値は何？」、総合商社の社員が良く口にする言葉だ。馴れないうちは、何ともフワフワした言葉で議論をしているなと感じたものだが、今となっては、このような抽象度が高い言葉で議論が成立している総合商社に凄みを感じる。言うまでもないが、商社は決まった製品を持っていない。売り手と買い手の間に仲介して口銭を稼ぐビジネスを行ってきたのが商社だ。メーカーのように決まった製品を持っていれば、その製品が顧客に提供できる価値はある程度定まっている。しかし、商社の場合には、自分たちが商流の仲立ちをすることによって、売り手と買い手に何らかの価値を生み出さなければビジネスが成立しない。常に、自社が入ることによって付けることができる価値を考えざるを得ないのだ。

事業投資に関しても、総合商社の投資は基本的に長期保有を前提としたものであり、キャピタルゲインを狙うPEファンドなどが行う投資とは性質が異なる。大体の場合、商社がその会社を支援することで、バリューチェーン全体の付加価値が高まるような会社に投資を実行する。投資は単なる売買ゲームではなく、付加価値実現の手段として位置付けられている。よって、トレーディングだけでなく事業投資においても、自社が提供できる価値、というものを考える習慣が徹底されている。

これこそが、総合商社という巨大な組織で、社員の間に強い求心力を生んでいる源泉だといえる。自社が提供できる付加価値、つまり会社の存在意義を日頃から自分たちで考えなければならない。そしてビジネスが成功すれば、自分たちで試行錯誤しながら考え抜いた価値を、相手から認めてもらえたことが実感できる。社員エンゲージメントを高い水準で維持するための好循環が、総合商社にはビルトインされているのだ。特定の製品を持たないという商社の特殊性はあるものの、自社の提供価値を模索し追求し続ける総合商社の姿勢から、他の会社が学び得る点も多いはずである。

もう一つ、社員が自社の存在意義を感じにくくなる状況として、会社の競争力が低下してしまった時、違う言葉を使うと主力製品やサービスがコモディティー化してしまい、他社との差別化が困難になった時があげられる。事実、コーン・フェリーの社員エンゲージメント調査で結果が良くなかった会社の中には、こうした競争力が低下してしまった会社が多い。かつては業界の雄として名を馳せていたものの、海外も含めた競合他社の台頭やコスト構造の変化によって、主力事業の優位性が損なわれてしまった会社たちだ。しかもこれらの会社は、次なる収益源となるべき新規事業の創造も上手く進んでいない感がある。会社業績が低迷しているのも事実だが、それ以上に深刻なのは、自分の会社が世間に提供している価値を社員が見出せなくなり、その会社の社員であることに誇りを持てなくなっていることだ。

「私たちの製品を使ってくれるお客さんのことを考えて仕事している社員なんて、ほとんどいないのではないでしょうか。社員は皆、できるだけミスしないように、余計な仕事を抱え込まないように、それればかり考えています。最後に責任を取らされることだけは御免だ、そんな意識が社内の至る所に蔓延しています」

これは、社員エンゲージメント調査結果が極めて低かった、大手の機械メーカーA社の方が仰っていた言葉だ。エンゲージメント調査では、あらゆる項目で日本の平均値を下回る結果となっていたが、特に目も当てられない数値になっていたのが、**「品質・顧客志向」**と**「リーダーシップ」**の2ドライバーであった。

A社には元来、強固なグループ内での取引によって一定の売り上げが確保できるという既得権益があったため、一般顧客のニーズを汲み取ろうとする姿勢が組織的に希薄だった。そのため、製品の技術的な優位性が徐々に薄れていき、移ろいゆく市場のトレンドを捕まえることもできず、業績は悪化の一途を辿っていった。さらに悪いことに、ここ数年で度重なる品質問題を起こしてしまい、その度に不都合な情報を秘匿しようとして隠ぺい体質を強化してしまった。

「経営陣を含めて上位の幹部層は、社員に情報を開示しようとはしません。当社製品の品質に問題があったということも、メディアの報道を通じて初めて知りました。社内の誰も、品質について問題視することなどなかったのです。また、信じられないことかもしれませんが、会社の業績情報について、外部に公開されている以上のことは私たち社員も知りません。今期の見通しはどうなのか、会社の先行きは安心なのか、きちんとした説明を受けたことがありません。そんなことを一般社員が知って何の意味がある？　という無言の圧力を感じるため、上司に会社の状況を聞くこともままなりません」

社員エンゲージメント調査から見えた問題をより深掘りするために、A社の社員に聞き取り調査を実施した時のことだ。人によって表現は異なるものの、上記のような隠ぺい体質や、経営陣への不信感に関する言葉が何度となく聞かれた。社員の中には、こうした調査で社員の意識を把握したところで、どうせ経営は何も変えられない、という悲観的な見方をする人も存在した。最後に、A社の人事部の中で責任ある立場の方にお聞きした、象徴的な話を記しておきたい。

「社員の多くは諦めているのだと思います。自社の状況に強い危機感を覚えた社員は、既に会社を去っていきました。会社に残っているのは、極端にいえば他の会社に移れるだけの力も意欲もない人ばかりではないでしょうか。私は正直なところ、A社という会社の社員であることに、何らかの意味を見出すことができなくなっています。ただ、給料をもらうために仕事をし、失態の責任を上から押し付けられることがないように心がけている、という感覚です」

A社の事例は、そもそも顧客に対する意識が薄い会社、誰かの役に立っているという実感が得にくい会社で、社員の唯一の心の拠り所だった製品の優位性が揺らいでしまった時に起こる惨劇の典型例である。しかも品質問題も相まって、経営陣は社員を鼓舞するようなメッセージを発信できないどころか、大事な情報を社内にも秘匿する隠ぺい体質の組織を作ってしまった。A社は少し極端な例かもしれないが、会社の存在価値が目減りしてきたと社員が感じる時、社員の誇りや熱意が急速に萎えていくありさまを、我々にわかりやすく伝えてくれる。

ここで少し引いた目線から、社員が誇りと熱意を持って働くために、会社の存在意義として社員に理解浸透させなければいけない要素を考察する。結論から先にいうと、**「自社の顧客=自社は誰の、どんな役に立っているのか」「自社の個別性（あるいは優位性）=他社で**

はなく、自社でなければいけない理由」、この二つを明確かつ端的に語り切れることが、社員エンゲージメントには大きく効いてくる。このことを、ある製薬メーカーの例で考えてみたい。

製薬メーカーB社は、日本の製薬業界における売上規模で見ると、トップ5には及ばない大手の中でも中位に位置する会社である。規模だけで考えてしまうと、日本の中にももっと巨大な同業他社が存在するが、社員エンゲージメント調査の結果は同業の中でズバ抜けて高かった。特に、ドライバーの中でも**「品質・顧客志向」**と**「戦略・方向性」**の肯定的回答率が、日本の会社の中で圧倒的な高さになっていた。まさに社員が、顧客に対する会社の存在意義を誇りに思い、戦略にも社員が信頼を置いている証左だ。

業界内では有名な話だが、B社はある時から戦略的に治療分野を絞り込み、今ではその治療分野において他社の追随を許さないパイプラインを誇るまでになっている。日本の会社が苦手としてきた、選択と集中を果断に実行したことで称賛をされている。鶏が先か卵が先かの論争に近いが、戦略的に治療分野を絞るということは、B社が薬を届けるべき患者もより特定されることを意味し、患者の姿やニーズまでもっとリアルにイメージできるようになる。社員は、自社が製薬という生業を通じて価値を提供する顧客の姿、その顧客の悩みが鋭敏にわかるようになったのだ。大手製薬メーカーの一義的な主な顧客はもちろん医療機関なのだが、エンドユーザーである患者さんを一番に意識していることが、B社の社員の方と話していると良く伝わってくる。

もう一つ、B社で社員の誇りを刺激する要因として、やはりその医療分野でナンバーワンであることを忘れてはいけない。製薬メーカーのようなシーズ先行型の事業の難しいところで、いくら研究開発に投資をしても成功するとは限らない。しかし、B社は医療分野を絞って選択的に研究開発投資を行ったことが功を奏し、その分野で他社には真似できない新薬を上市することができた。患者さんに対して、自社しか提供しえない良薬を届けることができるのである。その結果として、特定の医療分野におけるナンバーワン企業として君臨し、世間からもそのように認知されるに至った。自社が唯一の存在であることを、社員は実感しながら仕事に取り組むことができるのだ。そもそも製薬メーカーであれば、患者さんの命・健康を守るという、社会貢献的な色彩を持っており、社員が自社の存在意義を感じやすい業態だ。ただ昨今は、パイプラインの問題や特許切れなどで、日本の製薬メーカーの中には苦戦している会社が多く、薬を作っているからといって必ずしも社員エンゲージメントが高いわけではない。その中でもB社は、「自社は誰の、どんな役に立っているのか」「他社ではなく、自社でなければいけない理由」を、社員に浸透させることができているのだ。

以上、好例として総合商社や製薬メーカーB社、一つの反省例として機械メーカーA社の事例を見てきた。これらの会社は皆、コーン・フェリーが実施している社員エンゲージメント調査を実施している会社だが、調査を実施していない会社の中にも、きっとここの社員のエンゲージメント水準は高いだろうな、と感じる会社がいくつかある。それらの会社の社員は、自分たちは社会や顧客に対して何らかの価値を提供している、という自負心を言葉の端々から感じさせてくれるものだ。

「当社は日本に初めてこの事業を持ち込みました。難度の高い製造技術を要するため参入障壁が高く、当社が非常に高いシェアを持っています。○○であれば当社、というイメージを消費者の方には持っていただけています。近年、法規制の影響等で業績は厳しくなっていますが、当社が撤退してしまうと業界自体が日本からが消えてしまい、今まで喜んでくださっていたお客様に多大な迷惑をかけてしまいます。だから、当社にはどんな努力をしてでも事業を継続する使命があります」

これは、ある消費財メーカーに勤務する社員の方の言葉である。数年前に、海外の企業を見習って、会社のバリューやミッションを改めて作ろうという試みが日本でも流行った。しかし、会社の存在意義みたいなものを、改めてまっさらの状態から作るというのも、考えてみると極めて奇妙なものだ。先ほどの消費財メーカー社員の言葉のように、変に小難しい言葉や横文字を使わなくても、自社の価値を的確に表現することはできる。会社の存在意義とは、頭をひねって無理矢理つくり上げる類のものではなく、もっと自然な自己内省から再認識されるものではないだろうか。社員のエンゲージメントを高めるために、経営陣から社員までが一度立ち止まって、自分たちは何者ぞと内省する機会を設けなければならない会社は、決して少なくないと思う。

2-4 正しい方向感を見出せない会社で起こっている、仕事の生産性の低下

日本の会社と、欧米のグローバル企業との比較では、**「仕事を進めるための十分な人員の確保」「生産性を高めるための環境整備」**の差分もまた大きかった。加えて、グローバル企業との差分はこの2項目ほど大きくはないものの、日本の会社では**「成果創出に向けた効果的な組織体制」**も、社員エンゲージメントを大きく左右する因子だったことを思い出して欲しい。これらの結果が意味することは、日本の会社は非効率的な組織になっていて、手際よく仕事を進めようにもいろいろな制約があって生産性も低い。そんな中で人員まで不足していて、社員の士気が下がってしまっている、ということになろう。なるほど、社員にとってみれば、それは難儀な状況だなとは思うものの、どうも解せないところがある。それならばと、打ち手は業務の生産性向上、人員の増強と簡単に考えてしまって良いものかというと、それも何か違う気がしてならない。

マクロで見れば、かつてほど日本の会社は成長していない。総論でいえば、業績は踊り場を迎えてしまっていて、次なる成長の機会を模索している会社が多い。会社の業績が継続的

に伸びているのであれば、仕事がどんどん増えて業務が繁忙になり、人手も足りなくなるのは良くわかる。しかし、日本の大企業でも、一昔前までは聖域とされてきた人員整理にまで手を出している始末だ。会社の中に人員の余剰感があるなら理解もできるが、不足感があると言われると、いかにも不思議である。新卒の採用人数を減らし、早期退職を実施するなどして人員調整をした結果、再び事業が成長軌道に乗ったため人手が足りなくなってしまった、そういう会社もあるにはあるが、そんな嬉しい悲鳴を上げられるのはごく一部に限られるのが実情だ。組織の非効率性、低い生産性、人員の不足、これらの事象には日本の会社特有の根深い構造的な問題があるはずだ。その問題について、ある種、日本の伝統的な会社組織を象徴しているような、二つの大会社の事例から探ってみたい。

「自社の戦略が組織に浸透していないのは何故か？　その理由について調べて欲しい」

大手の機械メーカーC社の経営者から、こんなコンサルティングの依頼を頂いた。C社は社員エンゲージメント調査を行い、その結果として社員エンゲージメントの水準が低かったことに加えて、そのドライバーである**「戦略・方向性」**の低さに経営陣は危機感を持った。C社はいまだ日本の中で優位なポジションには立っているが、各種メディアが騒ぎ立てるほどの業績不振に喘いでいた。そこで数年前から、創業以来の経営構造に大鉈《おおなた》を振るうと同時に、新しい経営戦略も打ち出して、まさに社運をかける意気込みで経営者は改革に取り組んでいた。ところが、こうした改革の意義や新たな戦略が、予想以上に社員に浸透していないことが調査結果から明らかになったのだ。

C社は、その社員数が一つの自治体に匹敵するような巨大な組織である。問題の所在を突き止めるためには、相当な人数の社員へヒアリングを行わなければならなかった。職種、役職、事業部をできるだけ網羅する形でヒアリングを設計したため、共通の答えを導き出すことは困難だろうと当初は予想をしていたが、実際に話を聞いてみると意外なほどに社員が感じていることは一致していた。

「一社員の立場からすると、会社全体の経営戦略を意識することはほとんどありません。それよりも、自分が所属している事業部の戦略の方が気になります。戦略というほど大げさなものではないかもしれません。この事業はこれからどうやって生き延びていくつもりなのか、それが大事で知りたいのです。これだけ大きな会社ですから、全社の戦略と言われても、自分たちからはあまりに遠過ぎて実感が湧きません」

ある事業部の課長からお聞きした話は、多くの社員の声を的確に代弁するものであった。課長はさらに続ける。

「もちろん、事業部の戦略をちゃんと組み立てて、我々に示して欲しいとは思います。ただ、正直にいうと、多くの社員は戦略論に目が向くほど気持ちの余裕がありません。当社の事業が好調だったころよりも仕事が忙しく、皆が長時間の労働を強いられているのが実態です。そのことの方が、社員が疲弊し、士気が下がっている一番の原因になっています」

組織に戦略が浸透していないという経営者の課題意識から始まった深掘り調査だったが、社員エンゲージメントの観点からは、別の大きな問題が浮かび上がってきた。では、事業が成長しているわけでもないのに、もっというと多くの事業が赤字になってしまっているのに、どうして社員が疲れ果てるほどに忙しくなるのだろうか。ある事業部の経営管理部長が、その理由について明確な答えを持たれていた。

「我が事業部だけでなく、全社的なことだと思いますが、事業の方向性が定まらないために、選択と集中がまったくできていません。当社にとって、これまでのお客さんとの関係が極めて大事なのは間違いないのですが、儲からなくなった事業にこれまでと同じような労力をかけて、製造品質や納期を厳守しようとしています。反面、それだけでは生き残っていけないので、新たな事業を作って軌道に乗せるための努力も追加的に行わざるをえません」

「ただでさえ納期や品質を問われる業態ですので、例え十分な利益が出ていなくても、売れてしまえばやるべきことは沢山あります。赤字だからといって、業務が簡素化されることはありません。そこに、成長のためにという大号令の下、新しい取り組みや管理プロセスがどんどん導入されていきます。営業、製造、技術、それぞれの職種でやるべきことが追加的に増えていき、かつてないほどに時間も人も足りないと嘆いている社員もいます。例えば、研究開発部門が中心となって、各事業部を巻き込んで事業シーズを探索する、という取り組みがつい先日から始まりました。当事業部の社員からは、ただでさえ忙しいのに、研究開発部門の付き合いでかなりの時間を拘束される、という不満の声が既に上がっています。取り組みの意義を十分に説明して、納得尽くで進めてもらえればまだ良いのですが、やったらやりっ放し、という取り組みがこれまで多かったので、今回も前向きに捉えるのは難しいようです。社員は、また無駄な仕事が増えてしまった、と思っています」

管理部長の言葉からは、捨てるものは捨てるという判断ができないため、仕事の優先順位もつけられず、その結果として社員がやらなければならない作業が増え続ける、という構図が見えてくる。確かにC社の社員エンゲージメント調査結果を見ると、**「戦略・方向性」**だけでなく、**「仕事を進めるための十分な人員の確保」「生産性を高めるための環境整備」**のスコアが極めて低い。また、**「業務プロセス・組織体制」**に関する項目も他社と比較して、おしなべて悪い結果になっている。社員エンゲージメント調査の結果と、その後に行った社員へのヒアリングから見えてきたことを俯瞰的に捉えると、問題の起点はやはり戦略の不在感にあると思われる。戦略自体が不十分なのか、それとも戦略が浸透していないのかという議論は一旦脇に置いておいて、現実として会社全体、また各事業で成長の方向性が定まっておらず、選択と集中ができていないという事態が起こっている。そこが問題の根源である。後は、先ほどの某事業部の管理部長の言葉通りだ。

「重層構造」「過剰なヒエラルキー」、これらは日本の大企業の特徴を示す言葉として良く使われる。これらの言葉は、つまるところ必要以上に組織階層が存在していることを意味している。階層が多いこと自体が悪というわけではない。しかし今の日本の会社では、階層が多層化していることが、組織の効率性なり生産性を下げる原因となっている。想像に難くないが、部長、次長、課長といった階層が増えれば増えるほど、通常は意思決定のスピードが落ちていく。決裁権限が階層的に分散し、多くの過程を経なければ物事が決まらなくなるからだ。一時期流行った組織のフラット化は、重層構造のアンチテーゼであり、意思決定のスピードを迅速化させることを企図したものだった。また、過剰な階層を持つ組織は、物事がなかなか決まらないだけでなく、無駄な仕事が増えるという特徴を持っている。

長い歴史を持つ伝統的な会社であるほど、役員や部長といった上位の階層に位置する人たちは、絶対的な権力者として社内で認識される。これはもう理屈ではなく、会社という共同体において上位に格付けられた偉い人たちなのである。先に触れたように、日本の会社はムラ社会的な組織運営を維持してきたため、その一つの名残である〝格〟は未だ日本の大企業に根強く残っている。しかし、そうした会社でもあからさまな身分的な序列が時代に合っていないことを薄々は認識し始めている。

「～さん」運動というのをご存知だろうか。役員や部長を役職名で呼ぶのではなく、名前に〝さん〟を付けて呼びましょう、そういう運動だ。人によってはとても奇異な活動に映るかもしれないが、人事や総務が旗振り役となって似たような運動を展開している会社はいくつも存在する。

もちろん、問題なのは呼び方の話ではない。「〜さん」運動のような取り組みを意識的にやらなければ希薄化しないほどに、身分的な序列意識が組織にこびりついてしまっているのが問題なのだ。これは何も会社組織に限ったことではないが、偉い人に何かを決めてもらう際には、周到な準備と忖度が行われる。役員説明のための資料づくりに膨大な時間が投入される、取締役会の前に何度も個別の事前説明が行われるなどは、まさにその一例だろう。上位の人に何かを諮ることをご進講や上申と呼んでいる会社があるが、これらの言葉は十二分な敬意と配慮を持って上位の人に接しなければいけないことを象徴している。こうした、いわゆる偉い人たちが会社の中に多段階的に存在するとどんなことになろうか。物事を決めるにあたっては、多くの人の膨大な労力と時間が費やされることになるのである。これこそが、日本の会社で重層構造が生み出すもう一つの悪弊だ。

一つの投資決定を行うのに、最低でも9回の説明を行わなければならない。場合によっては、9回では済まず、さらに追加的な説明まで求められる。この驚くほどの過剰な意思決定プロセスを持っていたのは、日本の中でその業界では3本指に入る名門素材メーカーD社だ。いろいろと調べてみると、似たような投資案件の場合、同業他社では4〜5回の説明で済んでいることがわかった。他社と比べておよそ倍の説明・承認の場がD社にはあるということだ。プロセスが長くなってしまう原因には、屋上屋の階層構造、即ち過剰な役職の序列が存在していることがあげられる。D社のある事業部で事業開発の仕事をされているスタッフの方から、象徴的な話をお聞きした。

「M&Aを検討した際のことです。当社にとってとても有望な買収検討先が見つかったのですが、投資銀行の話だと海外の競合他社もその会社を狙っているとのことでした。迅速に水面下で動いて、できるだけ早く基本合意書の締結にまで持っていく必要がありました。ところが、当社の意思決定プロセスは、とても冗長なものです。特に、M&Aのような投資案件になると、輪をかけて慎重に慎重を期そうとします。事業部長、事業企画部長、事業本部長、経営企画本部長、担当役員と、役職の順に同じ説明を何度も繰り返さなければなりません。加えて、事業本部の投資委員会、全社の投資委員会、取締役会といった会議体でも承認を得なければ、M&Aのプロセスを前に進めることができません。本格的なM&Aに携わったのはこのケースが初めてだったのですが、一つの意思決定にここまで時間と労力を取られるとは思いもよりませんでした。当社ではなかなか物事が決まらない、というのは知っているつもりだったのですが、本当にここまでとは…。説明に説明を重ね、関係者間の調整に奔走しているうちに半年以上も経ってしまい、他社がその会社の買収を決めたことがわかりました。

身内に振り回されている間に、他社に出し抜かれてしまったのです」

D社の重層構造が機動的な投資決定を阻み、有望な事業機会を逸してしまった事例だ。この例は氷山の一角に過ぎず、D社の社員の方からは、冗長な意思決定によって苦杯を嘗《な》める思いをした、という話を何度もお聞きした。この事象を、社員エンゲージメントの視点から見てみるとどうだろうか。D社の社員エンゲージメント調査では、ご多分に漏れず**「生産性を高めるための環境整備」**と**「仕事を進めるための十分な人員の確保」**の結果が悪い。加えて、D社に固有の特徴として、**「仕事を上手く進めるための権限付与」**と**「仕事の効率的な手順や段取り」**の2項目のスコアも低くなっている。この結果はとりもなおさず、例の重層構造が大きな原因だ。

D社に限らず、日本の製造業一般にいえることだが、製品の品質には強いこだわりを持っている会社が多い。近年では、顧客ニーズ不在のオーバースペックと揶揄されることもある、この製造業の品質意識の高さが、場合によっては過剰なチェック体制につながり社員の士気を削ぐこともある。D社は装置産業的な色彩が強い会社であることに加え、日本でも有数の歴史を持つ製造業である。過去の経営者が歴代技術畑だったことに象徴されるように、品質に対する意識が恐ろしく高い。というよりも、多くの経営判断が品質という軸で行われてきた、といっても過言ではない。そのためD社には、例えば役員のレベルであっても、ディテールまで把握できてないと気が済まない、粒度が高い情報だと不安になる、という傾向がある。常識的に考えれば組織の上位になるほど、つまり経営者に近づくほど、決めるべき事項の抽象度は上がり、意思決定に必要な情報も自ずと要点を押さえたものだけになる。ところがD社の場合、相当に細かいことでも役員レベルでなければ決められない上に、上位の役職になるほど、より細かく広範な情報を欲するという、通常とは反対のことが起きている。

D社のような、屋上屋のヒエラルキーを持った組織の中で、偉い人たちに「すべてを知らないと不安」病があるとなれば、一般の社員にどんなことが起こるのか察しがつくだろう。

「若手社員は、社内の説明資料づくりに相当な時間を割いています。ほぼ社内資料の作成だけを行っている主任もいるくらいです。まずはグループリーダーに説明するための資料を作り、そこで指摘を受けたところを修正して担当部長向けの説明資料を作る。またそこで指摘が入って資料を作り直し、今度は部長向け、次に本部長向け、ということが繰り返されます。資料の内容が本当に良くなっていけばまだ救われるのですが、上位者からの指摘はこの点が漏れているとか、もっと詳細なデータが必要だとか、ほとんどが抜け漏れチェックのため、どんどん要点がぼやけてボリュームばかりが増えていきます。そうやって会社内の序列を厳守して説明を行っていくのですが、役員がわからないことがあると、序列をすっ飛ばして主任クラスへ直接質問や指示が飛んでくるケースもあります。役員はかなり微細な点を気にすることも多く、細かすぎて本部長や部長では質問に答えられないのです。そうなると、若手社員は役員対応にまた多くの時間を費やすことになります。いくら、人手があったとしてもキリがありません」

「こんなところまで細かく説明しないといけないのか、もういい加減に決めて欲しい、というのが多くの若手社員の本音です。社内説明に意味がないとは言いませんが、社内の説明資料ばかりを作らされていると、仕事に喜びや意義を感じられなくなっても不思議ではありません。しかも、上位者からは繰り返し網羅性、詳細さの観点でのみチェックを受け続けるわけですから、生産性や効率性とは無縁の世界だと思われても仕方がありません。社員エンゲージメント調査で、下位の階層になるほど結果が悪くなっていくのは、当社の重層構造の問題を端的にあらわしていると思います」

これは、D社でヒアリングを行った際にお聞きした証言の一つだ。社員エンゲージメント調査で、仕事の生産性や人員確保に関する項目のスコアが低い理由が手に取るようにわかる。

しかし、だからといって組織の階層、序列を減らせば良いのかといえば、話はそんなに単純ではない。一つの組織文化ともいえる過剰なチェック体制によって、D社の製品が高い品質を保ってきたのは事実である。競合他社と比べた技術と品質の優位性こそが、D社の競争力の源泉だったのだ。ある意味で、重厚な階層構造によって生み出される秩序や、重箱の隅をつつくような徹底的な点検文化は、これまでのビジネスモデルを支えてきたともいえる。そしてこれまでであれば、社員はそれらに大きな不満や違和感を覚えることなく、黙々と仕事に取り組んできたのだ。問題の所在は、経営環境が変わってしまい、D社が築き上げてきた組織運営の在り方が、今後の成長には資するものではないことを社員も自覚し始めていることにある。

品質で勝負してきた多くの日本のメーカーと同様に、D社でも主力製品の売上が伸びなくなっている。国内市場の伸びは完全に打ち止めになっており、海外ではより安価な製品を提供できる競合他社との争いで相当の苦戦を強いられている。日本の顧客であれば当然のように高い品質を求めてくるが、海外の顧客はそこまでの品質を求めてこない。海外の顧客のニーズは、一定の品質であれば問題はなく、それよりも自社の仕様に合わせた製品を短い納期で提供して欲しい、というものだ。海外においては、D社が得意とするような圧倒的な品質を武器とした勝負が挑めない。この類の構図に、思い当たる方も多いのではないだろうか。

以上のように、ゲームの仕方が変わってきたにも関わらず、組織運営は旧態依然としている、このズレこそが問題の本質なのだ。

「中期経営計画にも戦略の柱として明記されていますが、当社のこれからは海外でのビジネス拡大にかかっています。海外で戦うには、できるだけ顧客に近いところで物事をどんどん決めて、短い時間軸で進めていくことが鍵になります。先日、米国の顧客企業からあるアイデアを見せられて、こんな仕様で作って欲しいのだけど、1か月以内にできるかどうか答えをもらえないか、との依頼を受けました。これまでの当社では、たった1か月でこんな重要なことに結論を出したことはありません。ただ、これが海外のスピードなんです。こうしたスピード感で、顧客のオーダーにきめ細かく対応するには、もっと現場に近いところへ権限を下ろしてもらわなければ難しいのです」

D社の米国事業を担当しているグループリーダーは、とみに最近、日本の本社の組織が海外での事業展開に適していないことを痛烈に実感するそうだ。そのたびにやきもきした思いをし、何でこんなに杓子定規にしか進まないのか、と投げやりになる時もあるという。しかし、ことは海外の話だけにとどまらない。D社の売上の国内外比率を見ると、未だ日本での事業に多くを依存していることがわかる。足元の国内事業も、放置しておくわけにはいかない。国内の成長は止まっているからこそ、コスト効率を上げることが生命線になる。それは人件費も同じことであり、労働生産性を高めていかねばならず、無駄な仕事をしている余裕は一切ない。コスト構造の改革が急務であることは、経営からも繰り返しメッセージが発信されているため、社員も十分に理解している。ところが目の前で起こっているのは、度重なる説明資料作成や、本部長からの質問に対する想定Q&Aづくりに奔走させられるという、数十年前と変わらぬ現実である。

このままでは会社は厳しいという認識が、自分がやっている仕事に意味があるのだろうかと思う虚無感を助長しているわけだ。たとえ会社の戦略を精緻には理解していない社員であっても、何の役に立つのかよくわからない、非生産的な仕事をさせられていると感じても何ら不思議のない状況なのだ。単に階層を減らして権限を下ろしていけばすべて解決するような問題ではないことがおわかりいただけよう。会社が勝負をかけたいと思っていることと、階層構造や権限設計をひっくるめた組織運営の在り方を整合させていかなければ、社員が生産的だと思えるような環境はできあがらない。D社の事例は、社員は想像している以上に会社が置かれている現状と将来に対して敏感であり、それらに照らし合わせて自分の仕事環境に対する意味合いを判断していることを物語っている。ごく簡単にいえば、会社あるいは事業に貢献しないと感じる仕事に多くの時間を割かれれば、誰だって非生産的、非効率的だと感じるということだ。

C社とD社、二つの会社の事例を通じて、社員エンゲージメントの毀損《きそん》を招く低い業務生産性、人手不足感について実態を見てきた。両者に相通ずることだが、もはや現場における業務改善の努力では如何ともしがたい話になっている。昨今、「働き方改革」という名の下で、社員の労働生産性を向上させるべく、業務改善に取り組もうとしている会社が増えているように思う。働き方改革が理想とするところは、日本の会社で社員エンゲージメントを高めることへ寄与しうるものだ。しかし、その具体的な施策として、ボトムアップでの業務改善活動では筋違いな会社も多い。C社もD社も、ことの根っこは戦略的な意思決定を徹底し切れていないことにある。C社では、これからの方向性を明確に示せない中で、いろいろと新しいことに手を出した結果、社員がパンク寸前の状態に陥っていた。

本来、戦略を変えるということは、何かを取って、同時に何かを捨てることも意味している。取捨選択の優先順位を変えるといっても良い。概して、どうも日本の会社は取るものは取るが、一方の捨てる判断は苦手なようである。D社で見られたのは、事業の戦略は変えたものの、組織運営の在り方は旧来の姿を捨て切れていないがために起きている齟齬《そご》だ。組織の中において、身分的なヒエラルキーや決定権は、上位者の既得権として認識されるものである。そのため、これらにメスを入れようとすれば、既得権を持っている人たちからの抵抗があるのではないか、という不安が頭をもたげてくる。事実、D社でもかつて組織変革を試みたことがあったが、役員たちから猛反発があって頓挫したという歴史がある。日本の会社では、組織に関わる事柄で過去の因習を捨て去るのはとりわけ困難がつきまとう。しかし、それ以外の事柄であっても、古くから脈々と続いてきたものを捨てようとすると、これまで何らかの恩恵を受けてきた人たちのことをまず慮り、思い切った判断ができない、そうした会社が多いように思われる。過去の遺産たる組織を捨てられず、社員が虚無感を覚えながら仕事をしている、それがD社の実態だ。自社の生産性に課題意識を持っているのならば、安易に現場での業務改善という打ち手には走らずに、自社の経営は決めるべきことを決めているかと、自問自答をしてみる必要がある。

2-5 自己実現や成長という淡い幻想

社員の自己実現の後押し、社員の動機や特性に合わせた成長サポート（キャリア開発とも呼ばれる）、どうやらこういったキーワードには曰く言い難い魅力があるようだ。

社員エンゲージメントの向上、社員のモチベーションアップの文脈で、これらの言葉を掲げている会社をかなりの頻度で見かける。確かに、とても前向きで耳障りが良く、誰からも否定されない魅惑的な響きを持っている。しかし、社員の自己実現を後押しするといっても、具体的にどんな施策を打てば良いのだろうか。また、社員個々人の興味関心に合わせたキャリアを用意することなど、会社の中で本当にできるのだろうか。論理立てて細かく考えていくと、いろいろと腑に落ちない点が出てくる。

ここでもう一度、日本の会社で社員エンゲージメントに影響を与える因子の分析結果を思い出して欲しい。（p48図表13参照）

「キャリア目標達成の見込み」という項目が上位にあがってきていた。加えて、**「やりがいや興味がある仕事を行う機会」**も入っており、自己実現や成長が社員エンゲージメント上で大事なことに間違いはない。さらにもう一つ、日本の会社において社員エンゲージメントに影響を与える因子の、欧米グローバル企業との比較も振り返っていただきたい（p62図表17参照）。日本の会社と欧米のグローバル企業間の差分が特に小さいのは、先述の2項目であることが一目瞭然だ。このベンチマーキングの目的はFeasibility Studyであって、日本の会社における打ち手の実現可能性を探ろうというものだ。社員エンゲージメントの取り組みが先行しているグローバル企業との差分が大きい項目であれば、グローバル企業を模範に日本の会社も取り組める余地が大きい、すなわち裏を返せば改善できる可能性が高い。反対に、両者の差分が少ない項目であれば、欧米のグローバル企業も日本の会社とさして変わらない状況にあり、先進事例はあまり存在せず、取り組みは難渋することが想像できる。

この2つの分析結果を兼ね合わせてみると、先にも述べた通り、**「キャリア目標達成の見込み」**や**「やりがいや興味がある仕事を行う機会」**は社員エンゲージメントの高低を大きく左右する因子であるものの、それらのスコアを上げるような打ち手を講じることは難しい、という結論が論理的に導き出せる。この結論は、一見あまり望ましいものには見えないかもしれないが、それなりの納得感はある、というのが率直な感想だ。社員個々人の目標意識や動機に沿って、会社内でのキャリアを歩ませていくことが難しい事情について、これから紙幅を割いていきたい。

求められる能力や資質の変化

「昔は会社も成長していたので、新しい管理職ポストがどんどんできて、そこに若手を登用して経験を積ませることで人材が育っていきました。ところが近年は業績の伸びが止まってしまい、ポストの数は固定化され、かつてのような良質な経験ができません。それが、当社で若手の育成が滞っている最大の原因です」

若手～中堅の人材育成が進んでいない理由について、人事の方からこうした説明を受けることが多い。総論としては一理あるようにも聞こえるが、真相を正しく捉えるためには、もう一歩踏み込んだ考察が必要だと思う。この手の発言の背景には、人材を育成するために有益な経験、言いかえれば社内で人材を育てる機会が減っている、という課題認識が存在する。

それはどんな機会なのかというと、一つは人と組織をマネジメントする経験だ。管理職ポストに就けば、多かれ少なかれ部下を持つことになる。大なり小なり組織の長としての役割を担えば、組織運営の基礎ともいえる労務管理や業務計画の作成、部下育成などの経験を積むことができる。管理職ポストに若手をなかなか登用できなくなったことを課題視する裏には、こうした組織運営の経験を積ませる機会が十分に作れない、という前提認識がある。

ところで、会社が社員に積ませたい良質な経験とは、人と組織をマネジメントする経験だけではないはずだ。その他の必要な経験を考えていくには、日本の会社が求めている人材の姿を明らかにする必要があろう。

ここのところ、次世代の経営者育成に力を入れる会社が増えてきている。少し前であれば、経営者育成や後継計画といったテーマは、社長交代がそのまま会社の浮沈を決めてしまうオーナー企業や中小企業が真剣に取り組むものだった。時代が変わり、今では将来の経営者を計画的に育成することが、日本の大企業でも重要な課題として認識されている。2015年に日本で実施されたコーポレートガバナンス・コードによる外圧も、日本で経営者育成が積極化している原因の一つにはなっているが、それよりも会社の今後を任せられる経営候補が十分に育っていない、という素直な危機感が取り組みの誘因になっている。ただ考えてみると、これまでは経営者の育成にそこまでの課題を感じていなかったのに、今になって次世代の経営候補者が育っていないことに気づいて焦り出したというのも変な話だ。どこかのタイミングで、経営者が育たない会社になってしまったとでもいうのだろうか。

もちろん、そんな不思議なことが起こるわけはない。自社の経営者に求められる資質なり能力が変わってしまったため、これまでと同じようには育てられなくなった、というのが正解である。日本でも一定の規模がある会社では、程度の差こそあれグローバル化という経営課題に直面している。事業の海外展開を推し進めて、これからの成長の足掛かりとしなければならない。ある会社はM&Aなどを通じて海外拠点の強化を試みようとし、ある会社は国を超えた連携を強化してグローバル一体経営を実現しようとする。こうした海外展開を行うには、いうまでもなく経営トップにグローバル経営の力が求められてくる。主に日本だけを見て采配を振っていれば良かった時代の経営者とは、明らかに違う姿の経営者が必要なのは自明なことだ。

また、昨今、日本の大企業で見られる経営課題として、新しい事業創造含みの事業ポートフォリオの組み換えがあげられる。というよりも、複数の事業を営んでいる会社のほとんどで、重要なテーマになっている。諸々の環境変化によって、創業以来、会社を支えてきてくれた事業で収益を上げることが困難になったため、違う事業に会社の将来を託していかねばならない、そういう話だ。これからの会社を支えていくのは、これまでは規模も小さく花形扱いされてこなかった周辺事業の場合もあれば、まったく新規の事業という場合もある。例えば、総合化学品メーカーが、上流と呼ばれる石油化学の事業分野における競争力が失われてきたため、下流の機能化学分野に今後の勝負をかける、といった典型例があげられる。投資におけるポートフォリオと同じで、自分たちの事業をテーブルの上に並べて、儲かるチャンスが大きい事業を見極めてお金を中心とした経営資源を投下する意思決定をしなければならない。

事業ポートフォリオの組み換えというのは、言うは易しだが、行うのは極めて難しの所作である。新規事業の創造、既存事業の成長といった攻めの経営を行いつつ、十分に稼げなくなった事業の再構築といった守りも同時にやっていく必要がある。単に成長戦略を組み立てるだけでも、あるいは事業の再構築を行うだけでも容易ではないのに、同時並行で攻めと守りのバランスを上手く取りながら進めていかないと、会社は崩壊してしまう。大戦略を構想して経営資源を再配分しつつ、組織構造も見直し、社員を再配置する（時には整理する）。自らのシナリオに沿ってこれらを粛々と実行していくことが経営者の仕事になる。どう考えても、平時において経営者に求められるものとは異なる能力や資質が要る。

経営者になるために積んでおくべき大事な経験

経営者の要件が変わったとして、具体的にはどんな経験を積めば望ましい経営者になれるのだろうか。次世代の経営候補の育成において、この論点はとても重要だ。というのも、新人の育成であればいざ知らず、経営者の育成ともなれば、研修などOff-JTでの育成施策の効果は限られ、経験を通じた能力開発が最も有効だからだ。経営者になるために積んでおくべ

図表18 **経営者にとって大事な六つの経験**

	内容	具体的な経験の例
(1) 結果責任を負う	強いプレッシャーの下で、自身で判断し、判断に伴う結果責任を負う	・事業のPL責任を負うポジション経験
(2) 事業の理解	事業の構造・バリューチェーン全体をミクロ・マクロ両面から理解する	・現場を含む複数の機能部門の経験 ・バリューチェーン全体設計に関わるポジションの経験
(3) 新しいチャレンジ	経験のない、新しい領域・課題について、自ら戦略・計画をねり、力強く推進する	・新規ビジネスの立ち上げ ・未開拓国／地域への新規進出
(4) タフ・ネゴシエーション	権限が及ばない関係者に対し、粘り強く交渉・対応し、目的を達成する	・M&A／アライアンス／コンソーシアムの組成等の経験
(5) 危機対応	極度のスピードが求められたり、強いストレスが伴う状況で適切に対応する	・クライシスマネジメント ・リストラ／構造改革
(6) 多様性の理解	バックグラウンドが異なる相手に対し、多様性を理解しつつ、目的を達成する	・海外赴任 ・多様な人材がいる現場のマネジメント

き経験を探るために、コーン・フェリーでは大がかりな調査を行った。いくつかの日本の会社で、将来の経営者の姿に近いと思われる経営幹部や、グループ子会社の社長に対してインタビューを実施し、これまでにどんな経験を積んできたのか、その中で役に立った経験は何かを探ろうという調査だ。総勢１００名程度の対象者から話を聞いたところ、経営者にとって六つの大事な経験があることがわかった。

図表18に書かれている経験群には、グローバル化や事業ポートフォリオの組み換えに対処していかねばならない日本の会社の事情が濃厚に反映されている。日本国内での事業展開が主だった頃には、**「タフ・ネゴシエーションの経験」「多様性を理解す**

る経験」の優先順位はそれほど高くなく、もっと重要視される経験があったはずだ。また、今の時流としては、新たな成長の種を蒔きつつ、採算性の良くない事業を改革して全社最適を実現するために**「事業を俯瞰的に理解する経験」「新しいチャレンジをする経験」「危機対応の経験」**が重視される。会社によって六つの経験間での軽重は異なろうが、これらの経験が次代の経営者を作ろうとした時には絶対に外せないことに誰も異論はないだろう。

問題は、日本の会社の中には、コーン・フェリーのインタビュー調査によって明らかになった六つの経験が積める機会が潤沢にあるのだろうか、という点だ。恐らく、多くの方が直感的にそんな機会はあまりない、と感じられると思う。この疑問を探ろうと、ある大手の総合電機メーカーで、経営者に必要な経験が積めるポストはどこか、という調査を実施したことがある。その結果、六つの経験をすべて積むことができるポストは極めて少なかった。わかりやすい例でいうと、海外で買収した事業会社の社長ポストや、事業再生の局面にある古くからの子会社の社長ポストなどがあげられ、特殊な状況下にあるグループ子会社の社長ポストに限られていた。あとは、社内で経営者育成の場と見なされていたポストであっても、六つの経験のうちで半分でも積むことができれば御の字、という状況だった。面白いことに、この総合電機メーカーの中で主流、王道と言われてきた事業のポストでは、六つの内で半分も経験が積めないことが判明した。既に確立された基盤を持っている事業では、未経験の課題に対応する経験や、構造改革などの危機に対応する経験が十分に積めないのだ。どちらかといえば、これまで亜流と認識されてきたポストの方が、これからの経営者を育てる機会として向いている、そういう結論だった。

この調査結果からわかるように、通常は日本の会社において、これからの経営者づくりで重要な経験が積める機会は限られている。それはそうだろう。大きな文脈として、日本の会社は一つの岐路を迎えており、次なる成長の機会を海外、もしくは既存の主力事業の外に求めて戦っている。今は前例踏襲を旨とした安定経営を行うべき平時ではなく、有事に適した経営者を選んでいかねばならない。しかし、社内に有事の疑似体験ができる場が無数にあるかというと、そんなわけはない。会社全体がこれから有事を迎えようとしている時に、先行して難局に立ち向かわなければいけないポストは限られており、そのポストこそが次世代の経営者を育てる貴重な機会なのだ。

育成の費用対効果

さて、ここからが本題だ。そもそもの議論の出発点は、個々の社員のキャリア目標や動機に沿った形で、社内のキャリア開発を行っていくのが困難な理由を探ることにあった。それなのに、どうして経営者育成について触れてきたのかといえば、人材育成における需給バランスの話をしたかったからだ。会社員の全員が経営者になれるわけではない。同期の中から必ず一人、会社のトップが輩出されるわけでもないので、確率論的に見て経営者になるのは夢のまた夢、というのが普通の会社員の感覚だろう。一方、会社の側に立てば、これまで通りに社員の育成をしていくと、あるいは放っておいても社員は勝手に育つと考えていると、これからの会社を背負って立つことができる経営者が社内からは生まれてこない、という末路が待っている。従って、会社は意識的に、計画的に社員の育成を行っていかざるをえない。

つまり、有事に処していける経営者を育てていく上で鍵となる経験を、将来有望な社員へ計画的に付与していくことが何より大事になる。ただし、図表18で見たような経験は、会社内に無数に転がっているわけもない。そうなると、育成の費用対効果が高い人材に絞って、貴重な経験を積ませようと合理的に考え、割り切る以外に他はない。育成の費用対効果というと小難しく聞こえるかもしれないが、要は経験から多くのことを学んで自分の血肉とできる、真の学習能力が高い人材を選んで、貴重な経験をさせるということだ。これは、日本の会社では忌み嫌われてきた、一種の選民的な取り扱いを行うことを意味している。育成機会の付与という面で、社員は皆平等という考えを捨てなければならない。

真の学習能力を持った人材を選ぶといったが、その学習能力とは何なのかという点に触れていきたい。ある人はIQのような知能的な能力をイメージするかもしれないし、ある人は

図表19 有事の経営者になるために大事な学習能力

経営者として成功している人に共通している特性		
	①リーダーシップ・ドライバー	リーダーシップをとることへの意欲・動機
	②認識	自分自身と、周囲の状況に対する客観的把握
	③ラーニング・アジリティ	経験から学ぶ姿勢
	④リーダーとしての性向	リーダーとしての成功に結びつく性格的な特徴
	⑤抽象化思考	複数の事実や情報に共通する法則を導き出す思考力
	⑥阻害リスク	性格上の阻害要因

前向きさや好奇心のようなメンタリティーをイメージするかもしれない。単に学習能力というと捉え方はさまざまにあるだろうが、ここでは有事の経営者、もっというと不安定かつ不確実な状況に効果的に対応できる経営者になるための学習能力と定義する。何とも壮大な話のようにも聞こえるが、実はコーン・フェリーの調査によって、有事の経営者になるために大事な学習能力が判明している。数十年にわたる経営人材を対象とした人材アセスメントのデータを基に、経営者として成功している人に共通している特性を抽出した、というものだ。

大きく見れば六つの特性があげられる。この六つの特性はとても興味深いので、簡単に概観していきたい。

まず、組織を率いるリーダーになりたいという強い意欲がないといけない（**「①リーダーシップ・ドライバー」**）。意欲が大事というのは、当たり前といえば当たり前の話だが、多くの日本人にとっては幾ばくかの示唆があると思う。仕事は会社が与えてくれるもの、雑念を持たずに目の前の仕事に取り組んでいれば自ずと道は開ける、こうした価値観を持っている日本の会社員はまだまだ多いように感じられる。出世への野心を持つのははしたないもの、そんな意識を持たれている方も少なくないだろう。しかし、それでは経営者としての学びを支えるエンジンが弱いのである。経験から何かを学ぼうと思ったら、やはり目的意識が重要ということだ。事実、名の知れた現役経営者の方と話をしていると、明言はされないものの、キャリアのかなり早い段階から自分が経営者になることを意識していたことがわかる。若輩のうちから自分は経営者になると臆面もなく公言するような人は流石にどうかと思うが、これからの経営者の候補を選ぶには、慎ましいことが必ずしも美徳ではないと心得る必要がありそうだ。

次に、状況を正しく認識する力（**「②認識」**）が挙げられる。状況の中には、周囲だけではなく自分自身も含まれている。経験から何かを学び取ろうとすれば、自分が置かれている状況を客観視できなければいけない。誤った状況認識からは、誤ったインプットしか得られない。加えて、自分の強みと弱みを見極める識見も大事だ。どうも日本には、自分の力を謙遜する人を高く評価する風潮があるが、そういうことでは決してない。周囲の環境に照らしてこのままでも十分に通用するところ、もっと強化していかねばならないところを冷静に判別できれば、学習の効率が上がる。

近年、人事の世界で注目を浴びている概念として、「③**ラーニング・アジリティ**」というものがある。日本語に訳すのは難しいが、学習の機敏性くらいの意味になるだろう。つまるところ、経験からより多くを学ぶための性格的な特徴とお考えいただきたい。同じような経験をしても、そこから学べる物ごとの総量は人によって異なり、その違いは四つの特徴によって生まれる、そういう理論である。複数の部下や後輩に似た仕事をさせたのに、成長度合いが人によってまったく違ったという経験がある方も多いのではないだろうか。その学習の違いは、各人の「⑴複雑性、新規性への好奇心」「⑵他者との協働への嗜好性」「⑶変化の許容性」「⑷結果への執着度」という四つの特徴によって生まれてくる。

この四つの特徴を持ち合わせている人を表現すると、このようになる。

(1)これまで自分が経験したことがない目新しい、複雑な事象にでも、興味を持って臆することなく立ち向かう
(2)いろいろな人たちとの協働を好み、人間関係で問題が生じても、そこから逃げることなく解決しようとする
(3)変化を好意的、楽観的に捉えて、率先して変化対応のリスクを取る
(4)チャレンジングな目標に挑むことを楽しみ、結果を出すことにこだわる

よりイメージを持っていただくために、残念ながら四つの特徴を持ち合わせていない人についても表現してみたい。

(1)誰もが常識と思っていることに重きを置き、前例踏襲を好む
(2)自分と似た人たちとだけ関わろうとし、人間関係のいざこざを避けようとする
(3)安定した状況を望み、自分から率先して変化に対応するよりも先達の後追いをしようとする
(4)高い目標を掲げて邁進するよりも、自分のできる範囲内で地道に努力を積み上げることを好む

さて、ここまで見てくれれば、四つの特徴を持っている人の方が、どんな状況に置かれても多くの学びを得ることができると思っていただけるはずだ。前向きな人、という一言で片付けられてしまいそうなところを、丁寧に因数分解することによって評価可能な軸にまで仕立てているところに、「ラーニング・アジリティ」という概念の妙味がある。

続いては、「**④リーダーとしての性向**」だ。この特性も、「**③ラーニング・アジリティ**」と同様にいくつかの要素から構成される。「⑴大局観」「⑵個人的な長期目標へのこだわり」「⑶曖昧さの許容性」「⑷リーダーの責務を引き受ける積極性」「⑸難局での楽観性」の五つだ。「大局観」や、「リーダーの責務を引き受ける積極性」などは読んで字の如しなので説明を省略する。それ以外の要素について、少し解決を加えたい。

「⑵個人的な長期目標へのこだわり」と言われても、なかなかピンとこないかもしれない。しかし、コーン・フェリーの調査から、人生における目標を持っていたからこそ、成功している経営者は難しい局面を迎えても逃げ出さずに学び続けることができた、という事実がわかった。最近お会いした、ある大企業の役員の方が、今の自分を形づくる上で最も重要だった経験として、こんなお話をされていた。

「まだ自分が駆け出しの会社員の頃にお世話になった、米国拠点の社員に恩返しをしたい、もっと幸せにしたい、それがずっと心に抱いてきた私の目標でした。ところが、会社として米国における事業の縮小を決定し、拠点を潰すか潰さないかという状況で、私は拠点長として赴任することになりました。私は何とかして米国拠点を守りたいと思い、拠点の構造改革を必ずやり遂げるので閉鎖だけは待って欲しいと社長に懇願し、2年間の猶予をもらいました。米国拠点には懐かしい顔ぶれが何人も残っている中で、会社の決定を伝えるのは本当に辛い経験でした。ただ、彼らを救いたいという一心で、製品のポートフォリオを必死で組み換え、あの手この手でコスト削減にも取り組みました。残念なことに、何人かには会社を去ってもらわなければなりませんでしたが、結果として収益は改善し、社長に拠点の存続を認めてもらえました。今から振り返ると会社人生の中で最も辛い時期でしたが、現在我が社の経営陣の一員としてやっていけているのも、あの過酷な経験の中でいろいろと学ばせてもらったからだとつくづく思います」

「(3)曖昧さの許容性」は、先行きが見えない、確たることがわからない状況において、精力的に思考できることを意味する。たまに、何でもかんでも疑問を解消しないと気が済まない人を見かけるが、そうした人は曖昧さの許容性が低いといえる。自分で理解できない、わからないことがあっても気に病まずに泳がしておくことができて、いろいろな可能性に喜んで思いをはせることができる、そんな人は許容性が高い。例えば、技術革新などによって将来の事業環境が読みにくくなっていると一般的に言われているが、そうした確かな見通しが立てにくい中でこそ、これからの事業の可能性を楽しんで夢想することができれば、その思考実験の中から多くの学びが得られるだろう。不確実なことを放置する癖があまりに強すぎるのも、日々の実務においてはザルになってしまって問題かもしれないが、これからの時代の経営者にこの要素は必携といっていいだろう。

「(5)難局での楽観性」は、簡単にいうとどんな時でも楽観的、ポジティブな気持ちを保てることだ。目の前で起きている出来事、また将来に対して常にプラス思考でいられる人は、この要素が高い。特に、誰しもが難儀だと思う局面において、前向きでいられることが大事である。不安症といわないまでも、きっとこの先に自分にとって良くないことが起きるに違いない、と常に考えて行動する人たちがいる。リスクヘッジを趣旨とする仕事においては、こうしたネガティブ思考もプラスに働くことがあるが、経営者としての学びを得ようとすると、やはり楽観的であった方が確実に良い。悲観的に行動していると、大事なことを学べるはずの機会を逸してしまうことになる。

「⑤抽象化思考」は、これまでの特性とはやや異なり、より能力に近いものである。人間の推論思考の様式には演繹法と帰納法の2種類あるが、抽象化思考は帰納法の推論とほぼ同義だ。複数の事実や情報を並べて、それらに共通する法則を導き出す思考である。俗にパターン認識とも言われる。より高次な抽象化思考になると、いろいろな情報を総合して、他人には見出せない独自の意味合いを洞察するレベルに至る。いろいろな市場の情報を眺めて、誰にも思いつかない事業アイデアを思いつく、こんなイメージだ。この抽象化思考は、イノベーションと関連して語られることが多い。論理的に筋道立てて考えてもイノベーティブなアイデアは生まれず、非連続的な発想こそイノベーションの源泉になると考えられているからだろう。事実、高い次元の抽象化思考力を持った人の発想は、凡人には非連続に見えるものだ。実は、日本の会社員は、この抽象化の思考力が概して弱いことが調査からわかっている。それ一般的に高学歴と言われている人は、演繹法つまり論理的な思考力は高い傾向にある。それはもっともなことで、論理的な思考は比較的鍛えやすく、学校教育のとりわけ数学や国語（現代文）などの科目で訓練できる。しかし、抽象化の思考力を鍛えるのは容易ではない。勉強をしたからといって、着実に強化できるという類のものではない。日本の多くの会社が、リベラルアーツやイノベーション・シンキングに関する研修を取り入れているのは、どうにかして社員の抽象化思考を高めたいと思っている証左だ。

最後の特性は、「**⑥阻害リスク**」だ。こういう特性があると、経営者になる上で大事な学びの機会を逸してしまう恐れがある、そういうリスク要因を指している。「感情の不安定さ」がその一つだ。負の感情を直ぐに表に出してしまう人では、他者と効果的に協働するのは難しいだろう。当たり前の話だが、他者と上手く交われない人は、相手から学びを得る機会が減ってしまう。次のリスク要因は「マイクロ・マネジメント」である。身の回りに、何事も微細に管理しないと気が済まない人が一人か二人は思い当たるはずだ。そうした人が管理職にいたりすると部下は大変だ。説明しなくても良いことまで、上司に逐一チェックを受けることになる。どうして微細管理の性向が学びの害になるかといえば、あまり足元の細かいことばかりを気にしていると、大局的に物事を思考する機会、将来に思いを寄せる機会などがなくなってしまうからである。「思考の閉鎖性」もまた、学びを妨げるものだ。自分の考えに固執し、新たな物事の見方、他者のアイデアを否定してしまう閉鎖性のことである。自分の思考の殻に閉じこもってしまう人と、オープンにいろいろなアイデアを探求する人では、どちらの方が見識を広められるか、考えるまでもないことだ。

少し長くなってしまったが、これからの経営者を育てる上で大事かつ貴重な経験を積ませるべき、〝学習能力〟が高い人材の共通特性について論じてきた。思いを巡らせていただきたいのだが、六つの特性を十分に持ち合わせている社員がどれだけ社内にいるだろうか。どこで線引きするかという程度問題はあれども、恐らくはそんなにいない、というのが感覚値だろう。有事の経営者になるための学習能力を有する人材が、数多いるのであれば誰も苦労はしないのだ。

キャリアや育成に関する全社的な仕掛けの限界

元々の議論に立ち返りたい。会社は、これからの成長を実現できる経営者を育てなければならない。そのためには、有事の経営者が育つ機会を有望な人材に与えることが必要だが、そうした機会は社内に無数には転がっていない、極めて貴重な資産である。従って、育成をする対象を絞り込む必要があり、また機会を与えるに値する高い学習能力を持った人材も多くはない。日本の会社では、こうした構図が成立する。要約すると、会社が意図を持って、力を入れて育てようとしている社員は一部に限られるということだ。その他大勢の社員に対しても、同じくらいの注力度合いで育成を行えれば良いが、それほどの余裕がある会社もあまりないのが実態だ。

では、日本ではなく海外の会社、先にベンチマークの対象とした欧米のグローバル企業はどうかというと、選択的な育成を行っている点で大きな変わりはない。むしろより明確に、というよりもあからさまに人材を選んで集中的な育成を行っているといって良い。近年、「サクセッションプラン」という言葉が日本でも定着しつつあるが、そもそもの考え方なり取り組みを生み出したのは欧米の企業である。サクセッションプランを直訳すると後継者の育成計画となるが、現在の一般理解としては、計画自体を指すよりも、CEOをはじめとした重要なポストの後継者を選抜し育成するプロセス全体を指していることの方が多い。そのプロセスをもう少し分解すると、重要ポストへの登用要件（あるいは基準でも良い）を定めて、その要件に照らして後継候補に人材アセスメントを行って絞り込み、個人別に計画的な育成を施していく、という3ステップになる。グローバル企業の間で細かな方法論に違いはあれども、この3ステップは共通的なものだ。サクセッションプランを引いた目線から見ると、結局は会社が意思をもって選んだ少数の人材に対して、集中的な育成を施す取り組みだといえる。それを、客観性の高いプロセスをもって実行しようとするのがサクセッションプランの本質だ。

ここまでくれば、社員エンゲージメント調査結果のベンチマーク分析で、**「キャリア目標達成の見込み」**と**「やりがいや興味がある仕事を行う機会」**のスコアで、日本の会社とグローバル企業間での差分が小さい理由がおわかりいただけたと思う。日本でも海外でも、一部の社員にしか計画的な育成機会が提供できていないからだ。しかし、それを悪と決めつけることはできない。会社は利益を生み出すべき営利団体である以上、どんなことでも常に費用対効果を意識せざるを得ない運命にある。人材の育成も例外ではない。人を本気で育てようと思えば、時間やお金という重要な経営資源を投入しなければならない。各種の研究結果が報じているように、人材育成において最も効果が高いのは、座学の研修ではなく、コーチングでもなく、実際の職務経験を通じた学びである。有益な職務経験を積ませようとすると、時間というコストが発生する上に、育成含みの場合には職務を遂行しきれないというリスクまで内包することになる。すると、育成の費用対効果が高い社員に絞って育てていこうとする力学が働く。これは会社としては極めて合理的な判断なのだが、そのせいで社員エンゲージメントの全体的な底上げが難しくなっているという、何とも皮肉な結果になっている。

ここ数年ほどで、日本企業の人事部から、マネジメント重視に対する反省の言葉が聞かれるようになった。社員であれば皆、まずは組織長になり、ゆくゆくは経営者になることを目指すべきだという考えの下で、人事制度をはじめとした人事施策を打ってきたことへの反省がそこには込められている。世間では価値観の多様化などが叫ばれている中で、画一的な思想で取り組んできてしまったことへ後悔の念が生じるのもわからなくはない。しかし、その反省の結果として、多くの会社で取られるアクションには、正直に言うと疑問を感じざるを得ない。

専門職制度、スペシャリスト・コース、人事部の方でなくてもこうした言葉を一度は聞いたことがあるはずだ。組織長にならないと昇格あるいは昇級しない旧来の仕組みに加えて、組織のマネジメントをしなくても、何らかの専門性を磨いていけば昇格や昇進をさせる仕組みを導入する動きが、日本の会社で一つの流行りとなった。その背景には、マネジメントとスペシャリスト、あるいはジェネラリストとエキスパートという二元論が横たわっている。社員により多くのキャリア設計の機会を与えようとする理想は素晴らしいものだと思うが、単純な二元論ですべてを片付けようとしているところに無理を感じる。実際、この種の仕組みを導入したものの、積極的にスペシャリストあるいはエキスパートのコースに進もうとする社員は期待したほどいなかった、という会社が多いのも事実である。

社員のキャリア目標や、仕事に対する興味関心は千差万別だ。ある程度の類型化はできるかもしれないが、基本的には一人ひとりが異なるという態度で臨むべきものである。それゆえに、人事制度のような全社的な仕組みや仕掛けだけで、個々の違いに対処し切るのは現実的に不可能だ。会社側も、社員からもっと愛される会社になるためには、社員一人ひとりの成長や自己実現を考える必要があることをどこかで気づいている。だからこそ、人材育成やキャリア支援といったキャッチフレーズを掲げる会社が増えてきているのだろう。しかし、専門職制度のような会社側の努力も、十分には社員の心に響いていないのが現実だ。今のところ、日本の会社にとって、社員の自己実現や成長を支援してエンゲージメントを高めるという夢は、近づけそうで近づけない淡い幻想のようなものだ。

第3章

無意識的に社員の意欲を削いでいる日本の会社

3-1 会社の中に、善と悪が潜んでいる

ムラ社会的な共同体とその一員といった、旧来的な日本の会社における社員との関係性を見直し、社員と新しい関係づくりを行うことは、付け焼刃ではどうにもならない相当に大がかりな作業である。社員エンゲージメント向上のための処方箋には、そもそも会社の存在意義を改めて問い直す、戦略レベルで物ごとの優先順位を決めて無駄な仕事を捨てる、そして容易ならざる社員の自己実現と育成の支援と、いずれも一朝一夕でやり遂げることが難しい品目が書かれている。どれも経営者が本腰を入れて取り組まなければ、そして粘り強くやらなければ事が成就することはない。考えてみれば、長い年月をかけて培ってきた会社と社員の関係性を根本的に見直そうというのだから、小手先の方策ではどうにもならないのが道理だ。

見方を変えれば、会社として社員との関係性を変えることは、社員エンゲージメントの向上という文脈を超えて、事業課題や経営課題と密接につながっているといえる。そもそも、顧客に対する提供価値を定めることは競争戦略を考える上での起点となるものだし、人材を

含む経営資源投入の優先順位決めは、経営戦略そのものである。普通に考えれば、社員のエンゲージメントをどうやって高めるか、という論点から出発すると、なかなかたどり着かない場所にあるテーマだ。しかも、日本の会社において、社員エンゲージメントに関する取り組みを所管するのは、人事部や総務部などの部署になるのが通例である。より経営に近い部署として、経営企画部のようなところが所管するケースもあるが、いずれにせよ経営トップ自らが取り組みの推進主体となることはまずない。

そのため、話があまり大きくなりすぎると、人事部や総務部などでは具体的な活動を展開することが難しい、という実務的な障害が存在する。何とも些末な障害だと思われるかもしれないが、例えば人事部が戦略論に口を挟もうとするのは、それなりにハードルが高いことなのはご想像いただけよう。こうした事情もあって、社員エンゲージメントの担当部署は、もっと身近なところから、明日から直ぐにでも始められる打ち手はないものかと考えたくなるものだ。確かに、もっと即効性の高い、現場レベルでできることはないものだろうか？

この問いに答えるために、分析のレンズを個々の会社内に絞り込んでみたい。これまでは、会社間での比較を行い、社員エンゲージメントの高い会社と低い会社で異なっている点に焦点を当ててきた。つまりは、会社全体としてエンゲージメントを向上させる可能性を探ってきた。全社員のエンゲージメントを底上げしようとするわけだから、その方策が大がかりになるのは当たり前といえば当たり前の話である。これからやりたいことは、会社全体ではなく、社員一人ひとりの生態に光を当ててみることだ。同じ会社の中にも、幸せそうに意欲的に仕事に取り組んでいる社員もいれば、冷めた気持ちで仕事をしている社員もいる。あくまで相対論にはなるが、どんな会社でも社員間でエンゲージメントの差が存在する。このような同じ会社内における違いが、どうして生まれてくるのだろうか。この点を深掘りしていくことで、全社的な方策以外に、よりミクロなレベルでの打ち手の可能性を探っていきたい。

どうも、あの部（あるいはグループや課）の社員は、何かを割り切って仕事をしているように見える。表面上はきちんと仕事をしているのだが、よく見ると言われたことを淡々とこなすだけで、自発的に仕事をしようとする社員はいない。社内でこんな光景を目にしたことはないだろうか。大きな会社ともなれば、数多くの部署が存在しているため、通常はいくつかこうした沈滞している部署があるものだ。一方で、誰が見てもやる気に満ちていて、皆楽しそうに仕事をしている部署もある。そこでは、上司からの指示を待つことなく、社員が自らの考えでどんどん仕事を進めている。周囲から、あの部署はちょっと違う、面白そうだな、そんな風に思われている部署である。

沈滞している部署と盛り上がっている部署、その違いは何に起因するのだろうか。普通に考えれば、いくつかの仮説が思いつく。一つめは、そもそも、そこに属している社員の生来的な性格や熱量が違っている。要は、たまたまある部署には生まれ持って前向きで、どんなことにでもやりがいを見出せる社員が集まり、またある部署にはどちらかといえば何でも後ろ向きに考えがちな社員が集まってしまった、という仮説だ。一つの可能性としてはあり得るが、あまりスジの良い仮説とはいえないだろう。小規模な会社は別として、定期的に新卒採用を行っているような会社には人事異動というものがある。一定の年数が経過すれば過半の人は入れ替わっていくわけで、偶発的に同種の人材ばかりが集まる、という可能性は極めて低い。

二つめは、部署によって業務内容が異なることが、社員の意欲に影響しているという仮説だ。非定型業務と定型業務、企画業務とオペレーション業務、組織設計に関する仕事をしているとよく耳にする、簡単な業務分類である。この言葉を借りるならば、非定型的な業務、つまりは企画色の強い仕事の方が社員はやりがいを感じて動機付くはずだ。二つめの仮説の背景にはこうした前提が置かれている。裏返すと、定型的な業務をさせられると、社員の気持ちはなかなか盛り上がらない、ということになる。組織設計の仕方によって程度の差こそあれ、会社の中には経営企画をはじめとして○○企画と名付けられた、非定型的な仕事を主とする部署がある一方で、総務や購買のように定型的な仕事が多い部署もある。それを考えると、もっともらしい仮説に見えなくもない。

しかし、結論からいえば、この仮説も正しくない。コーン・フェリーの社員エンゲージメント調査を実施した複数の会社が、やはり社内の業務内容とエンゲージメントの相関について強い興味を持っていた。そこで、部署ごとに企画色が強いのか、オペレーション色が強いのかで色分けをしてもらって、社員エンゲージメントの高低との相関を分析した。分析の結果を見ると、どの会社であれ、企画色の強い部署の方がエンゲージメントは高く、オペレーション色の強い部署の方が低い、とは言い切れないものだった。社内で最も定型的な業務内容だと思われている部署の社員エンゲージメント水準が、どちらかといえば良好な結果だと分類できる会社もあった。考えてみれば、そんなに単純な話なわけがない。

先にも述べた通り、この仮説には、仕事の中身が予め細かく決まってはおらず、自らがやるべきことを考えて組み立てられる仕事の方が、社員は動機付いてやる気を感じられるはずだ、という前提がある。精査をしてみると、この前提がかなり乱暴であることがわかる。まずもって、社員なら誰しもが企画的な仕事をしたがっているかといえば、決してそんなことはないだろう。また、給与計算や伝票の起票といった、いわゆる定型的な仕事を楽しんでこなしている社員だっているはずだ。相当に画一的な採用をしていない限り、どんな仕事で動機付くかは、社員によってさまざまである。人の経験やスキルなど、外形的な要素でさえ採用で見極めるのが難しいのに、性格や動機といった、より人の内面的な要素を見抜いて画一的な採用をすることなど、通常は現実的ではない。だとすれば、部署の業務内容と社員のエンゲージメントを直結させて考えるのは、やはり無理な話なのだ。

このように、一つひとつ可能性を吟味していくと、常日頃から社員の士気ややる気について思いを巡らせている方の中には、既にお気づきの方もいるかもしれない。一つの会社の中における部署間の、もっといえば社員間のエンゲージメントに差異が生まれる原因は、部署の長、つまり管理職にある。

社員エンゲージメント調査を実施したある大手電機メーカーE社では、部署間で結果の良し悪しがかなり違う点に強い興味を持った。同じ事業部、しかも同じ職種が属している部署の間でも、どうしてこんなに社員エンゲージメントの結果が違うのか、それを探ることによって改善の糸口を見出したい、E社はそう考えたのである。そこで、同じ事業部の中で、技術を担当している複数の課をピックアップし、それらの課で何が起こっているのか聞き取り調査を行った。できるだけ条件を合わせてサンプルを選び、現場で社員のエンゲージメントに影響を与えているものを探ろうとしたのだ。

「うちの課長は、席にほとんどいません。席にいたとしても、自分のパソコンに向かって黙々と仕事をしているので声を掛けづらいですし、声を掛けたとしてもタイミングが悪いととても不機嫌そうに対応をされます。とにかく、課長が忙しいのは良くわかります。他部署との調整、本部へのレポート、部下から上がってきた事案の承認と、やらなければいけない仕事は山ほどあるのは理解しています。おまけに、製造技術の実務まで自らやっているのですから、暇がまったくないのでしょう。中には、今週は一度も課長と話をする機会がなかった、と言っている課員もいるような状況です。私のような、課長との付き合いが長い課員であれば、こんなものかと割り切ることもできるのですが、新人や最近この課に配属になった課員の多くは、放置されているような、何も期待されていないような気持ちになっています。うちの課の社員エンゲージメントが低いことには、まったく違和感がありません」

「最近、我が社は大きく変わろうとしています。新しい戦略を立てて、真剣にグローバルで勝負を挑もうとしているのです。ところが、課長がそんな話をしてくれることはまずありません。課員にとっては、課長が最も身近な経営メンバーです。他の課では、会社全体の方向性などについて、課長が自分の考えも含めてしっかりと話をしているところもあると聞いています。課員によっては、自分たちだけ会社から取り残されている、という強い不安感を持っている者もいます。こんなことを言うと、上司批判をしていると受け取られかねませんが、決してそういうわけではありません。誰よりも課長が必死に体を張って、仕事に取り組んでいることはわかっています。ただ、課長の身も一つしかないので、何でもかんでも自分一人でやろうとしても無理があります。要は、時間の使い方をもっと考えて欲しいのです。諸々の業務に忙殺されてしまい、組織のマネジメントがなおざりになってしまっていることが一番の問題です」

言うに及ばず、社員エンゲージメントの結果が悪かった課で聞いた話である。個人として頑張っていることは認めるものの、メンバーのやる気を引き出せていない、あるいは士気を下げてしまっている管理職が、多かれ少なかれどの会社にも存在するのではないだろうか。その反面で、上手に社員の心に灯をともしながら、組織を運営している管理職もいる。以下は、E社で調査対象となった他の課で聞いた話だ。

「仕事は多くて大変です。課員の多くは毎日のように残業しています。ただ、それで課員が疲れているかというと、肉体的には辛い時があっても、精神的には充足感を持って仕事に取り組めています。それは、やはり課長によるところが大きいと思います。課長は、できるだけ会社の情報を課員に伝えようとしてくれます。今、当社の状況は必ずしも良いとは言えませんし、明確な勝ち筋が見えているわけでもありません。課員がそれだけの情報を与えられたら、きっと将来に不安を感じるだけでしょうが、課長は、先々こんな可能性も考えられる、それには課としてこの点に注力していかなければならないと、課長なりに噛み砕いて話をしてくれます。そこには、課長の考えや思いも十分に詰まっているので、課員は感じ入るところが多いです。素直に、課のために頑張ろうという気持ちにさせられます」

「また、課長は課員と直接対話する機会をできるだけ作ろうとされています。他の課では、年に2回しかない個人面談の場面くらいしか、じっくり1対1で課長と話をする機会がないところもあるようです。うちの課長は、仕事で相談したい時や、先行きで少し悩んでいる時に、それを見抜いているかのように声を掛けてきてくれて、個別に話を聞いてくれます。もちろん、いたずらに課員と話す機会を増やせば良いというものでもありません。課長は課員の目線にまで下りてきて、それぞれのレベルや関心に合わせて話をしてくれるので、皆にはちゃんと聞いてもらえているという実感が湧くのです。うちの課の社員エンゲージメント調査結果が良かったのは、他にもいろいろな要因はあるかとは思いますが、課長の力によるところが大きいと思います」

これらの二つの証言には秘匿義務の都合で多少の加工はあるものの、ほぼE社の聞き取り調査で聞いた内容そのままである。事業部をまたいで、10程度の課を対象として聞き取り調査を行ったが、その多くで課のトップ、即ち課長の存在がクローズアップされていた。改めて社員の身になって考えると、社員にとって一番身近な会社とのインターフェイスは直属の上司だ。上司だって万能な神ではないので、人によって能力は異なるし、部下との接し方だって上司によって違うということくらい、誰だって頭ではわかっている。ただし、大きな会社になればなるほど、自分が接する頻度が高い管理職、直属の上司が社員にとって会社を代表する存在になるのは紛れもない事実だ。E社の場合、課員にとって課長が会社を代弁する存在であり、会社そのものなのである。

ごく一部の例外を除いて、悪意をもって組織を運営しているような部署の長はいない。あるメーカーで社員エンゲージメント調査を行ったところ、「自分の保身のために、責任を部下に擦り付ける部長が多い」という指摘が相当の量で見られた。会社を良くするためには、部長層を総入れ替えする以外にないという、何とも極端な意見も出されていたが、こうした会社は極めて稀である。通常、部署長であれば皆、組織にとって良かれと思うことを行っているはずだ。先ほどのE社の例を見ても、社員エンゲージメントが低かった課の課長は仕事をさぼったり、適当に力を抜いて職務を遂行しているわけではない。むしろ、自分がやれることを最大限こなしていこうと、肩に力を入れて孤軍奮闘しているイメージに近い。それにも関わらず、その頑張りが皮肉なことに社員の熱意を奪う結果になってしまっている。

日本の会社では、こうした「部署長が頑張れども、メンバーの士気は一向に上がらない。場合によっては、部署長が頑張れば頑張るほど、メンバーの心が冷めていく」という不幸な構図がよく見られるように思う。課長、部長、本部長など、日本の会社で組織の長に登用されるような社員は、その会社の中で相対的に有能と見なされてきた人たちであり、普通は一定の責任意識も持った人たちである。能力や責任感以外の何が問題なのかというと、頑張り方を間違えてしまっているのだ。山本五十六などの影響もあって、日本の会社では率先垂範という言葉が好まれる。上司が率先して仕事にあたることで模範を示し、あとは部下にやらせてみる、というのがおよその意味だろう。組織の運営にあたって、その長が持つべき指針として一理ある含蓄深い言葉である。一つの組織運営のスタイルと言っても良い。そして、この上司自らが先陣に立って率先するスタイルは、かつての日本の会社では上手く機能していたのは間違いない。

冒頭で論じたように、旧来の日本の会社には濃厚なムラ社会が形成されており、共同体から爪はじきにされないために、直属の上司は逆らうことなど許されない絶対的な権力者であった。また、かつて日本の会社は成長局面を迎えていたので、仕事の習熟度、つまりその仕事に誰よりも精通していることが、会社内における社員の価値を決めるものだった。そういう状況下では、自分よりも経験が深い上司から、いろいろと仕事の学びを得ようとする力学が自然に働く。また上司は、自分が習得してきた技能を部下に伝承することこそ己の役割と心得て、一方的な指示を通じて組織を運営した。ムラ社会に存在する明確な上下の序列意識も手伝って、ある種の厳格な規律が生まれていたのである。

ところが、この組織運営のスタイルが、現在の日本の会社では有効ではなくなってしまった。いくら上司が、自分の背中を見て学べと言っても、それだけでは部下が意気に感じることはない。上司の方が業務に詳しいからといって、部下がそれだけで上司を尊敬するかというと、そんなこともない。昔のように、率先垂範のみの画一的なスタイルで組織を運営していては、部下の士気を高めることができなくなってきたのだ。しかし、そのことに気づけていない部署長が意外と多い。というよりも、自分が一方的な指示のみで部下を動かそうとしていることにすら、気づいていない部署長もいる。また、部下によって接し方を変えなければいけない必要性は理解しながらも、染みついてしまっている画一的なスタイルを変えられない部署長もいる。

いずれの理由にせよ、部署長たる管理職は、何もなまけているわけではない。上手く部下のエンゲージメントを引き出すことができている上司でも、反対に部下の熱意を削いでしまっている上司でも、自分なりの正義を持って職務にあたっていることに変わりはない。ただ事実として、社員エンゲージメントという視点から見ると、善というべき管理職と、悪とも呼べる管理職が会社には混在している。頑張り方一つによって、管理職は善の存在にも、悪の存在にもなり得るのだ。

3-2 管理職のマネジメント力を再考する

社員エンゲージメントだけに限らず、社員のモチベーションや組織の生産性といったさまざまな文脈において、まるで万能薬であるかのように、管理職のマネジメント力の向上が取り組むべき課題として提示されているように思う。とりわけミドルマネジメント、日本語でいうところの中間管理職のマネジメントが重要である、世間にはそうした主張が溢れている。かつては、サラリーマン社会の悲哀の対象として語られることもあった中間管理職に、今こうしてスポットライトが当たっているのは何故なのだろうか。

ミドルマネジメントの定義には各種あるが、通常の会社であれば部長や課長と呼ばれる、ある一定の規模の組織を任された部署長のことだと考えるべきだ。最近、名刺に部長や課長という肩書がついている人がやたらと多いな、と感じる会社を見かける。それとなく聞いてみると、部長や課長と名乗っていても、その実は組織も部下も持っていない、何も管理していない人もいるという。少し前に話題となった、「名ばかり管理職」と呼ばれる人たちだ。こうした名前だけの管理職が増えたのは、会社の成長が鈍化したのと大いに関係がある。事業の成長と組織拡大の相関性は強く、通常は事業が伸びれば組織は大きくなり、管理職ポストも増えていく。ところが、名ばかり管理職が居並ぶような会社はかつてほど業績が伸長しておらず、管理職ポストの数も増えていない、もしくは減ってしまっている。それにも関わらず、かつて大量採用した社員層が、管理職として頃合いの年齢になってきてしまった。普通に考えれば、ポストがないのだから管理職に登用するわけにはいかないのだが、依然として年功的な人事から抜け切れない。さて困ったものだが、ここで問題を解決すべく編み出されたのが、例の名ばかり管理職である。管理する組織も部下もいない、それでも部長や課長という格を与えて、金銭的な処遇もそれらに準ずるものとする。そうすれば、一般の社員との差別化ができ、例え管理職ポストにつけなくても体裁は保たれるというわけだ。実は、この組織を持たない管理職の存在が、社員の士気を低下させる一つの要因になっているケースもあるのだが…。

少し話が逸れてしまったが、今ここで議論の遡上にあげるのは、組織と部下を管理する責任を負っている中間管理職に限る。先ほどの、組織を持たない名目上の管理職は対象から外して考えたい、ということだ。

中間管理職の上にはトップマネジメントと呼ばれる役員などの経営陣、その下には主任など現場の監督者から一般の社員までが存在している。中間管理職は、会社側に立つ管理者の尖兵として、被管理者との際に立たされているのだ。経営者が発信しているメッセージや経営の思惑を汲み取って、管理される側の社員へくまなく届ける義務がある。反面、社員側の思いや主張を受け止めて、時には自分よりも上位の経営陣にエスカレーションしていく役割も担っている。格好良くいえば、トップダウン経営の一端としての機能を担いつつ、ボトムアップ経営における扇の要でなくてはならない。多少、意地悪に見れば、経営と社員の間で板挟みになっているともいえ、その苦しみがサラリーマンの象徴として昔は風刺的に描かれていたのだろう。上の役員からは怒られ、部下からは反発されるか不満をぶちまけられる、このような中年男性を描写したＣＭやドラマを覚えておられる方も多いのではないだろうか。

会社内での役割を考えると、社内におけるコミュニケーション経路上で、中間管理職は極めて重要な地点に位置している。ここでは、管理職の存在をコミュニケーションという視点から捉え直してみたい。

会社のトップである経営者が発するビジョンや戦略などのメッセージは、全社員集会やイントラネットなどで直接的に社員へ発信されることもあるが、その多くは直属の組織長である中間管理職を通じて社員に届けられる。会社が大きくなるほど、その傾向が強まるものだ。経営からのメッセージを社員が皆同じレベルで、同じ内容として受け止める、そんなことはまず絶対にないと思って良い。社員によって会社に対する関心も異なれば、仕事の内容も目線も異なる。例えば、経営陣がいくら思いを込めて新しい中期経営計画を社内へ発信したとしても、ほとんど興味を示さない社員もいれば、計画の趣旨が理解できない社員だって出てくる。これを社員の責任にするわけにはいかない。中間管理職が間に立って経営からのメッセージを咀嚼《そしゃく》し、個々の社員の心に届くよう努力する義務がある。社員の知識や理解が不足していれば補強し、一人ひとりの思考様式に沿った形で情報を伝達しなければならない。それなくしては、どんなに経営が向かうべき道を示して社員を動機付けようと試みても、叶わぬ夢になってしまう。

中間管理職は、経営陣からのメッセージの媒介者であるのみではなく、社員の要望や期待を一手に受け止めるべき立場にある。やってみたい仕事ややりたくない仕事、異動願い、はては出社や帰宅の時間に関する希望まで、管理職には部下からさまざまな内容の要望が上がってくる。自分の欲求や要望をストレートに口に出して主張する部下もいれば、慎ましくも口にすることをはばかる部下もいる。こういう仕事をしたい、ああいう仕事は遠慮したいと、事あるごとに自分の欲求を伝えてくる部下ばかりに対処をしていたら、何も言わずに黙々と仕事をしていた部下が、ある日突然に辞めたいと言ってきた、こんな話はどこにでもあるだろう。人によって表現の仕方は違えども、社員誰しもが職業人として何らかの期待を持っているものだ。管理職であれば、それを陰に陽に理解する努力も一方で怠ってはならない。しかし、部下の期待や要望へ場当たり的に対応していれば良いというものではない。そこに、中間管理職の最大の難しさがある。会社には会社の都合が、社員には社員の都合がある。その双方が、必ずしも合致するわけではない。むしろ、多くの場合、合致しないものだと思った方が賢明だろう。

冒頭で、社員エンゲージメントとは期待を媒介にした会社と社員間での相互関係であると書いた。会社は安定的に利益を生み出し続けなければ、存続することができない。そのため、会社の責任者たる経営陣は、自社の社員に対してさまざまな期待をかけることになる。売上やシェアの拡大といった短期的な要求から、会社として大事にしているバリューの体現や能力開発といったより長期的な期待まで、社員が経営からの期待を耳にしない日はない。会社に深い愛着を持って、経営陣の考えに心酔している社員がいれば、その社員は幸せを感じながら、何の疑問もなく会社からの期待に応えようとするだろう。しかし、実際にはそうした誰が見ても幸せそうな社員などには、なかなかお目にかかれない。会社から金銭的、非金銭的な報酬をもらって生活できているのだから、会社の期待に応えて働くべきだ、というのは正論としてあるだろうが、実際には社員が皆、経営からの期待を受けて動機付くはずはない。

社員は一人ひとり、違った期待を持っているのだ。

どんな会社にも、高い地位に就くことを最大の目標として、日々の仕事生活を送っている社員がいる。社会的なステータスが欲しい、思い通りに人を動かせる権力を持ちたい、組織を動かして大きな仕事がしたいなど、高い地位を求める理由はいくつか考えられる。動機はどうあれ、高い地位を欲する社員を皆、今よりも高いポストに会社が抜擢できるかといえば、それは間違いなく否である。その社員が会社の求めているマネジメントの資質を満たしていなかったり、会社がその社員に組織を率いるよりも専門職としての活躍を期待していたりと、そうしたことはざらにある。また、社内のさまざまな部署の社員と、時には社外のパートナー企業との協働を心から楽しむ社員もいる。簡単にいえば他者と交わることが好きで、いろいろな人と触れ合う場を欲している社員もそれなりの確率で存在する。そうした社員は、部門横断のタスクフォースや、関係会社とのプロジェクトといった機会を常に望んでいるものだ。しかし、想像に難くないと思うが、組織設計が上手くいっている会社ほど、通常の業務ラインを超えた社員や関係者と協業する機会は少なくなる。部署横断的な取り組みを無理矢理作り出すことも不可能ではないが、喫緊の必要性に駆られてもいないのに、あえてそうする余裕のある会社も稀だろう。こうした人好きの社員に、今は何よりも業務効率の向上が経営課題なため、人と会話するよりも黙々と目の前の仕事を効率的にこなすことに集中しろと強要すれば、ディモチベーションにつながることに疑いの余地はない。

何が言いたかったのかというと、会社が社員に期待し求めることと、社員が希求することとは、思うようには符合してくれないということだ。双方の期待が上手く噛み合わなければ、社員が幸せを感じることはなく、社員のエンゲージメントは惨憺《さんたん》たるありさまとなる。そんなことがあってはいけないので、中間管理職の出番となる。管理職は、会社からの期待と社員からの期待のいわば接合点にいる。双方の期待を汲み取って、大きな齟齬《そご》が出ないように擦り合わせていくという高度な技術が求められるのだ。技術といっても、教本を読んでその通りに繰り返し実践すれば習得できる類の、形式知化がしやすいものではない。それはそうだろう、部下の希求や期待を正しく理解し、それらを受け止める形で会社からの期待値と擦り合わせていくのは、小手先ではなく全人格を使う作業に他ならない。

昔も今も、会社と社員の接点に位置する中間管理職の役割は変わらない。しかし、現在ほど中間管理職の存在価値を問われた時代はなかったはずだ。裏を返せば、それだけ中間管理職のマネジメント力の多寡が、会社の浮沈を左右するようになったからだろう。日本の会社では、旧来のムラ社会に似た共同体的な性質が急激に薄れてきた。会社と社員の関係性も、かつての画一性のくびきから解き放たれ、良い意味でも悪い意味でも、働くことの価値基準や考え方に社員一人ひとりの個性が際立つようになっている。つまりは、会社と社員の際で、中間管理職がなすべき仕事の難易度が上がったともいえる。たまに、昨今の中間管理職はマネジメント力が低下している、との課題意識を口にする会社がある。しかしその原因を聞くと、評価者研修をはじめ、これまで実施してきたトレーニングを予算の関係でやらなくなってしまったからなど、どうも的外れな回答を得るケースの方が多い。

ことの真相は、管理職の能力低下ではなく、中間管理職が果たすべき役割の難易度が上がってしまい、これまで社内で培ってきたマネジメントの技術では太刀打ちできなくなってきたことにある。一人ひとりで異なる部下の志向性と、会社からの期待を擦り合わせるのは、そう容易な作業ではない。

3-3 日本の会社が今すぐできること

概念的には、経営と社員との仲立ちをしなければならない中間管理職の重要性がおわかりいただけたと思う。ここでは最初に、管理職の存在が社員のエンゲージメントに実際どのくらいの影響力を持っているのかについて、調査データから検証してみたい。検証の方法としては、会社の中でエンゲージメントが高い社員と低い社員の間で、スコアの差分が大きな設問に注目してみるのが良い。つまりは、一つの会社の中において、社員エンゲージメントと相関の高い要素を抽出するということである。

図表20は、一定量以上の社員数がある大企業6社を、業種・業態に偏りが出ないように選び、それぞれの会社内で社員エンゲージメントが高い社員と低い社員間で、特に差分が大きかった設問項目を抜き出したものだ。その上で、直属上司、つまり中間管理職に関わる項目をハイライトしている。会社によって濃淡はあるものの、どの会社でも中間管理職が介在する項目が挙がってきていることがわかる。この結果が意味しているのは、上司である管理職が上手く振る舞うことができれば部下のエンゲージメントは上がり、逆に部下に対して拙《つたな》い

図表20 各社において、エンゲージメントが高い社員と低い社員の間でスコアの差分が大きな設問

A社	評価制度は公平である
A社	配置や異動は適材適所で行われている
A社	仕事に対して上司から明確かつ定期的なフィードバックを受けている
A社	キャリア開発について上司から指導・助言がある
B社	上司は将来の組織ビジョンを明確に示し、夢を与えてくれる
B社	所属組織では業務を円滑にするための手順やノウハウが共有されている
B社	所属組織は成果を出せる組織体制になっている
B社	上司はキャリアについて指導・アドバイスしてくれる
C社	経営層は現場の状況をよく理解している
C社	部門では責任と権限が明確である
C社	部門では判断や意思決定の理由や背景が十分に説明されている
C社	上司は学習や成長をサポートしてくれる
D社	当社は社員に対してオープンで誠実な情報開示をしている
D社	当社は社員を大切にし、配慮している
D社	職場で何か変更があれば十分な説明がある
D社	仕事に対して明確かつ定期的なフィードバックを受けている
E社	仕事を効果的に行うための必要な権限を持っている
E社	上司はビジネス目標達成に向けた効果的なコミュニケーションを行っている
E社	上司は前向きなやる気を起こさせてくれる
E社	上司は能力開発について指導・アドバイスをしてくれる
F社	昇進や人事異動は公正に行われている
F社	部門マネジメント（担当役員、部長層）を信頼している
F社	現在の仕事に満足している
F社	業績評価およびその他のフィードバックは、成果向上に役立っている

出所：コーン・フェリー 社員エンゲージメント調査結果
＊各社で社員エンゲージメントが高い社員と低い社員間で、スコアの差分が大きい設問項目を順に並べた上で、中間管理職に関する項目をハイライトした

接し方しかできない管理職の下では、部下のエンゲージメントは低下してしまうということだ。

もう少し分析結果を細かく眺めてみたい。各社で挙がってきている中間管理職に関係する項目を見ると、**「①組織のビジョンや戦略的決定についての説明と共有」「②キャリア開発や能力開発の指導」「③仕事に対するフィードバック」「④情緒的なケア」**に類型することができる。

この四つの類型について上手にできている中間管理職をイメージしてみると、世間的に良い上司と言われている人物像にかなり近似

図表21　中間管理職に関係する項目の4類型

中間管理職に関係する項目の4類型	
	①組織のビジョンや戦略的決定についての説明と共有
	②キャリア開発や能力開発の指導
	③仕事に対するフィードバック
	④情緒的なケア

している。いずれも、確かにそれができている上司の下では、部下は活き活きと仕事ができるはずだと感じられる、納得感のあるものばかりだ。結果について違った見方をすれば、同じ中間管理職であっても、①～④について十分にできている人と、まったくできていない人のバラつきが大きいということがいえる。

大なり小なり組織の長である中間管理職ともなれば、組織のビジョンを共有して、部下の育成を行い、個々の仕事では逐次フィードバックすることが己の役割であり、部下にとって大事なことくらいは頭では理解していよう。本当に稀に、「放っておけば部下は勝手に育つ。育成は上司の責任ではなく、部下の自己責任だ」と言ってはばからない管理職の方にお会いすることもあるが、異例中の異例であろう。ほとんどの中間管理職は、できている、できていないに関わらず、心のどこかで先ほどの4類型を意識しているものである。問題は、大事だとわかっていても、なかなか実践できないという点にある。

もう一度、①〜④を眺めてみると、意識することで比較的すぐに実行できそうなものと、そう簡単にはできなさそうなものとに分けられるだろう。さまざまな書籍などで、管理職にとって**「③仕事に対するフィードバック」**が重要であることが説かれている。その内容を要約すると、適時性と双方向性が大事だということになる。そもそも日本の会社には上司が部下に仕事のフィードバックをする、という組織文化が存在していなかった。きちんといえば、仕事の出来不出来を指摘する機会はあっても、上司と部下の間で、1対1の双方向的な会話をマメに行う必要もインセンティブもなかった。そのため、面倒くさがらずに対面でのフィードバック機会を細かく設けることが最初のハードルになる。半期あるいは四半期ごとの評価面談だけでは、社員を動機付ける上では完全に不足している。次に、双方向的に対話しろと言われても、相当に器用な人でなければ、やり方がわからなければ出来ようもない。幸いなことに、部下へのフィードバック力を高めるためのスキル本やトレーニングが山ほど存在している。この分野にはかなりの蓄積があるので、望ましいフィードバックのプロセスや方法が十分な形で体系化されて示されている。一朝一夕とはいかなくても、本やトレーニングで学んだことを繰り返し実践すれば、少しずつでも必ず改善されていく。仕事のフィードバック力は形式知化できるもので、訓練すれば伸ばすことができるスキルだといって良い。

「④情緒的なケア」は、仕事に直接関係する指示や会話だけでなく、部下の心情を慮《おもんばか》ったコミュニケーションをしているか否かが問われている。もちろん、上手い下手という質の問題もあろうが、まずは部下の思いや感情を把握するための行動の有無、部下の心情を気にかける行動の有無が極めて重要になる。部下の体調や家族のこと、最近の出来事などについて、とても自然に話ができる管理職がいる一方で、そうした会話に気恥ずかしさを感じて、ぎこちなくなってしまう管理職もいる。ただし、仮に上手でないとしても、部下には上司が自分のことを考えてくれていることは伝わるものだ。部下との感情的なつながりを育む方法として、少し前から傾聴やEQなどが着目されている。こうした、相手への共感を核としたコミュニケーション技法は学習することが可能であり、人によって程度の差はあるが、やはり鍛錬によって伸ばすことができる。

「③仕事に対するフィードバック」と**「④情緒的なケア」**は、何より中間管理職が意思を持って実行に移すことが先決なのだ。もちろん、やってはみたけれど、自分には向いていないと高を括って止めてしまっては元も子もない。継続性もまた重要である。実行に移した後、フィードバックや情緒的ケアのクオリティーを高めようと思えば、学習するための教本なり材料が世の中には数多溢れている。それらを参照し、自分なりに訓練を積み重ねることで、部下の琴線《きんせん》に触れるためのスキルが養われていく。

片や、**「①組織のビジョンや戦略的決定についての説明と共有」「②キャリア開発や能力開発の指導」**はどうだろうか。これらも、もしも部下に対してまったくできていないのであれば、それは何より考えを改めて実践しなければいけないものだ。ただ、③と④とは異なり、実践すれば一定の効果が上げられるというものではない。考えてみればすぐにわかることだが、自組織のビジョンを部下に語ったからといって、それだけで部下がやる気を出すかといえば、そんなに簡単な問題ではない。

コーン・フェリーが生み出したコンセプトの中に、リーダーシップ・スタイルというものがある。リーダーの組織マネジメント行動を、六つに類型したものだ。詳しい解説は次章に譲るが、組織マネジメント行動を**「指示命令型」「ビジョン型」「関係重視型」「民主型」「率先型」「育成型」**という六つのスタイルで定義している。経営学者であるケン・ブランチャードが提唱した有名なシチュエーショナル・リーダーシップのコンセプトと同じで、組織の置かれている状況によって効果的なスタイルは異なる。また、リーダーも全能の神などではなく人間であるため、通常は得意なスタイルと不得意なスタイルがある。自分が長を務める組織が置かれている状況を鑑みた際に、効果的なスタイルでマネジメントができているのかを診断して考察する、それがリーダーシップ・スタイルの目的である。コーン・フェリーでは、日本の会社における中間管理職から役員までを対象にして、数万人規模でリーダーシップ・スタイルの診断を行ってきた。個体差はもちろんあるのだが、日本人は概して**「ビジョン型」**が上手く使えていない。

ビジョン型とはその名の通り、組織が中長期的に向かうべき方向性、組織のあるべき姿であるビジョンを部下に示していくマネジメント行動を指している。どちらかといえば、大きな方向性を指し示すよりも、いわゆるマイクロ・マネジメント的に、日々の業務に対する細かな指示が得意な組織長が日本には多いようだ。「あなたはビジョン型ができていないので、仕事のディテールばかりに注目せずに、これからはもっと大きな絵姿を描いて部下に話していきましょう」で済めば良いのだが、そう容易な話ではない。まず、バツが悪いことに、組織長本人はビジョン型をかなり使っていると思い込んでいる一方で、部下はまったくそう受け止めていないというケースが多い。一般に認識の自他ギャップと呼ばれるものだが、診断してみて初めて自分と部下の間に認識の差異があることに気付くのだ。これまで自分ではビジョンだと思って部下に語っていた内容が、部下からすると単なる業務命令にしか聞こえていなかった、ということが往々にしてある。ビジョンという概念の理解に、上司と部下で齟齬が生じているのである。

認識の自他ギャップに気付けたとして、次はどうやったらビジョン型が使えるようになるのかが論点になる。実は、この論点に対する絶対的に正しい答えはない。リーダーシップ・

スタイル診断の結果について管理職へフィードバックを行っている際に、ビジョン型を鍛える方策を教えて欲しいという要望を受ける場面が多々あるのだが、正直にいうと当意即妙《とういそくみょう》に回答を用意できずに、言葉に窮してしまうことも少なくない。自他ギャップが象徴するように、人によってビジョンというものに対して持っているイメージや願望が異なるからだ。そのため、万能な解法なるものは存在せず、組織の構成員の属性などを考慮しながら、どんな言動ならばビジョンとして受け止めてもらえるのか、しかも前向きな気持ちになってもらえるのか、想像するより他はない。発信する側と受け手の相互の関係性、また受け手である部下の思考様式までも視野に入れて考えなければならない。中間管理職がビジョンや戦略的決定を部下に共有し、エンゲージメントにつなげていくためには、部下一人ひとりに焦点を当てなければならないのだ。

「②キャリア開発や能力開発の指導」も、**「①組織のビジョンや戦略的決定についての説明と共有」**に似たところがある。部下によって、望ましい支援や指導の在り方が異なるという点だ。ここ数年で、日本においてもコーチングがだいぶメジャーなものとなった。コーチングに唯一無二の定義は存在していないが、ビジネスの世界においては、相手の潜在的な能力や意識を解放させて、学習や成長を促す対話の手法だといえば間違いはない。コーチングのアプローチや流派がいくつか存在しているが、一方向的な指導（ティーチングともいう）とは明確に異なり、答えは相手の中にあるというスタンスに立ち、相手に質問をすることでそれを引き出すという点において共通している。日本の会社でも、これだけコーチングの手法が取り入れられるようになった背景には、やはり画一的なキャリア指導、育成指導が機能しなくなってきた、という危機感があるように思う。

本書でも何度か指摘してきたが、かつてのように社員は皆等しく一つの会社で職業人生を終えることを目標とし、頑張っていればいつかは報われるという心持ちで目の前の仕事に臨む時代ではなくなってきている。その証拠に、かつてはあまり聞くことがなかったキャリア設計という考え方も浸透し、社員自らが自発的に仕事の進路を考えていこうとする機運が高まっており、また会社側でもそれを支持している節がある。そうした状況の中では、こうあるべし、という押し付け的な一方向での育成指導が機能しなくなるのは自然なことで、社員の考えや意識に寄り添った支援が必要になったと考えるのが筋だろう。コーチングは、その必要性に応える一つの方法として脚光を浴びているのだ。社員の進路を描くキャリア開発と、社員の能力開発を趣旨とする育成指導は、一昔前のように一筋縄ではいかなくなっている。中間管理職は、部下一人ひとりの意識的な要望、無意識的な特徴までを把握できるように、部下との対話を重ねていく必要がある。

ここまで、一つの会社の中において、社員エンゲージメントの高低に大きな影響力を持っている、中間管理職に関する４つの要素について見てきた。少し振り返ってみると、とにかく行動を起こすこと、教本などを手本してスキルを習得することで向上が期待される**「③仕事に対するフィードバック」**と**「④情緒的なケア」**、それだけでは向上が見込まれず、部下一人ひとりに関心と意識を振り向け寄り添っていくことが必要になる**「①組織のビジョンや戦略的決定についての説明と共有」「②キャリア開発や能力開発の指導」**に大別できた。先ほど、管理職は会社からの期待と社員からの期待を擦り合わせていく立場にあると書いた。期待の擦り合わせという視点から見ると、社員エンゲージメントを高める上で管理職の調整機能が鍵となるのは、①と②だといえる。これ以降、この２点にもう少し踏み込んで考えていきたい。

①組織のビジョンや戦略的決定についての説明と共有

ビジョンや戦略、というのは極めて難物である。どちらも抽象度が高い概念であり、何とももっともらしい響きを持った言葉であるため、会社経営のいろいろな場面で使用される。そして、万人が共有する明確で一意な定義が存在しないがゆえに、人によって解釈なり受け止めが異なる性質を持っている。ある人がビジョンと考えるものも、ある人にとってはビジョンとして認識されない、ということが容易に起こり得る。戦略についても然りである。事実、いろいろな会社の中期経営計画や社内向けの重要資料などを目にする機会が多いが、ビジョンや戦略と銘打って書かれている内容は、会社によって見事にマチマチである。単に数値目標の羅列を戦略と呼んでいる会社もあれば、「グローバル化」「選択と集中」といった一種のスローガンを戦略と言い切っている会社もある。

会社の経営レベルでもこのような有り様なのだから、社員の解釈や受け止めには相当な幅があり、各人各様だと思った方が無難だ。

社員は会社のビジョンや戦略をどのように受け止めるのだろうか。ある消費財メーカーF社で、こうした疑問を検証するための調査を行ったことがある。F社は、新しい中期経営計画のサイクルを迎えるにあたり、新たな長期ビジョンと経営計画を策定した。それらが社員にどのくらい浸透し、ポジティブに受け止められているのかを経営として把握したい、そうした事情が取り組みの背景にあった。階層や職種、年齢などの切り口で、敢えて異なる属性の社員に対して聞き取りを行った。この調査でわかったことを要約すると、**⑴立場によって感度が異なる、⑵社員によって興味を持つ内容が異なる**、という2点に総括できる。この2点それぞれについて、ヒアリングで実際に聞いた証言を交えつつ見ていきたい。

⑴立場によって感度が異なる

役員「私は立場が立場ですから、仕事の上でビジョンや中期経営計画に触れる機会が多く、否応なく意識せざるをえません。社員は自分の立場によって、それらへの関心の高さが変わります。例えば部長と一般の社員で、アンテナの高さが違ってしまうのも仕方ありません」

部長「当社のビジョンの中に〝○○○を通じてお客様に独自の価値を届ける〟というものがありますが、それを日々意識しやすい社員もいれば、自分のやっている仕事と直接的な結びつきを見出すのが難しい社員もいます。私はお客様と直に接する部署にいますので、新しいビジョンが意図していることを理解できますが、お客様と接する機会の少ない管理部署などでは、ビジョンと言われてもあまり実感が湧かないのではないでしょうか」

係長「ビジョンと経営計画を意識的に分けて捉えているかと聞かれると、そんなことはありません。どちらも会社にとって大事なものだとは思っていますが、その内容をはっきり言えるほど覚えてはいません。正直なところ、それらを意識していなくても、日々の仕事は回っていきますので…。自分にとっては全社の中期経営計画よりも、部の方針や年度計画の方が重要です。部長からきちんと運営方針が示されないと、この部は大丈夫なのかと不安になりますし、部の計画は自分の仕事に直結しますから」

以上の証言に共通しているのは、社員は置かれた立場によって、長期ビジョンと経営計画に対する関心度合いが変わってくる、ということだ。立場というのをもう少し分解すると、経営への距離を意味する「役職や階層」「担っている職務の性質」に分けられる。言われてみれば何の驚きもないことだとは思うが、役員層のように経営に近い位置になるほど、全社的な意思決定の大綱たるビジョンや戦略に触れる頻度が高くなる。また、それらの経営方針に直に沿う形で日々の判断を行わねばならない。一方、例えば現場の一営業社員であれば、全社の中期経営計画など、何か特別の機会でもない限り目にする場面もないし、ともすれば今日明日の仕事とはまったく無縁のものに思えるだろう。

もう一つ、担っている職務の性質についても考えてみたい。長期ビジョンや中期経営計画に織り込まれる内容は、すべての社員に直接的に関係するものにはならないのが常である。ビジョンも経営計画も、双方で粒度は違えども、その会社にとっての最優先事項を定めるものだ。枝葉末節は切り捨てて、会社内でのあらゆる意思決定で幹となるものだけにすくいを掛けるべきである。よって、その定石に従えば従うほど、そこで謳われている内容と、自分が所属している部署、自分の担当業務との関連性を見出しにくい社員が生まれるのも致し方ない構図になっている。よくある話だが、戦略上の最重点テーマを海外での売上拡大だと明言している会社で、国内事業の担当者は自分には関係のないことだと受け止めてしまい、ひどい場合には自分たちは期待されていないとひねくれてしまう、そんな事態さえ生じ得る。自分たちには関係が薄い内容だと感じた瞬間に、関心度が下がってしまうのは自然なことだ。

役職や階層、担っている職務の性質、社員の立場を二つに分解して見てきたが、要するにビジョンや戦略に触れる頻度の多さと、自分の業務との関連性の強さによって、それらに対する感度が決まってくるのである。何もしなければ、頻度と関連性ともに低い社員が必ず出てきて、そうした社員は会社が伝えたいメッセージを十分に受け止ることができず、エンゲージメントも下がってしまう。それを阻止することができるのは、多くの社員との接点を持つ中間管理職をおいて他にはいない。会社のビジョンや戦略について部下に語る頻度を増やすのは、意識さえすればそれほど難しいことではない。

管理職にとって難易度が高いのは、部下の業務と会社のビジョンや戦略をつなぐこと、言い換えると全社的な見地から部下の仕事に意味付けを行うことだ。例えば、積極的なM&Aが戦略テーマになっている会社の経営企画や事業開発部署、あるいは今後の重点事業分野として直に名前が挙げられている事業部門などでは、管理職が仕事の意味付けを行わずとも、部下は勝手に自分の仕事の重要性を理解するだろう。ところが、無為に時を過ごしていると、社員が仕事の意味合いを見失ってしまうケースもある。先述の海外での売上拡大の例でいうと、国内事業の担当者に仕事の意味付けを行うのは、正直なところ簡単ではない。しかし、不可能なことでもなければ、管理職が諦めるわけにもいかない。

「我が社では、欧米を中心とした海外で事業を拡大することが最優先の事項となっています。そのためには、多額の投資を行ってM＆Aや生産拠点の新設をしていく必要があります。私は日本国内の事業を担当していますが、国内事業は拡大路線を狙うのではなく、売上は現状を維持しながら、コストの効率化を図るのが基本的な戦略になっています。これをそのまま伝えてしまうと、うちの事業部の社員には夢も希望もなく聞こえてしまうので、話す内容には一番気を付けています。海外での積極攻勢を支えるのは、我々、国内事業なんだ。海外の事業が大きくなるまで、国内事業が会社の屋台骨であることは変わらない。自分たちが生み出したキャッシュが海外事業の成長を支えているんだと、ことあるごとに部下に伝えています」

これは、ある総合化学品メーカーで、国内の事業部長をされている方からお聞きした話だ。この会社では、リーダーシップ開発の一環として、研修の対象者である事業部長にインタビユーを行うと共に、組織風土の診断も実施している。組織風土とは、その組織の長が創り出している職場の環境や雰囲気を意味しており、部下へのアンケート調査を通じて診断する。この事業部長の組織風土診断の結果は、極めて良好なものだった。組織風土診断にはいくつかの評価軸があるが、中でも「組織の方向性が明確で納得感のあるものか」という軸と、「メンバーが当事者意識を持って仕事に取り組んでいるか」という軸のスコアが極めて高かった。

全社戦略で非重点分野と認定されてしまったこの事業部は、常識的に考えれば、会社の方向性に社員が納得し、高い熱量を持って仕事に取り組める状況にあるとはいえない。ところが、組織の管理者たる事業部長の処し方によって、事業部員の心へ灯をともすことに成功している。どんな状況であっても、部下の仕事にポジティブな意味付けを行うことは可能だと示す一つの好例だ。

(2) 社員によって興味を持つ内容が異なる

社員はどんなビジョンに、どんな戦略に関心を示し、興味を持つのだろうか。中身に関わらず、会社が何らかのビジョンを示せば、自動的に社員が夢と希望を持つわけではないだろう。何かしらの戦略が立てられていれば、これなら自分たちは勝てると社員が確信するわけでもない。会社のビジョンや戦略が、社員の目にはどんな風に映るのかについて、再びＦ社の社員の証言を見ていきたい。

部長「新しい中期経営計画の説明を受け、全社戦略についても何度か話を聞きましたが、あれを戦略とはいえないと思います。私には単なる数字のオンパレードにしか見えませんでした。どこで、どうやったら当社が勝てるのかを分かりやすくまとめたものを戦略というのだと理解していたので、今回の説明は私にとっては腑に落ちないものでした。ただ、部長仲間の中には、今までにない明解な戦略だと好意的に受け止めた人もいるようです。これまで、あんなにクリアな目標の数字が並んだことはなかったので、今回は経営の強い意志を感じたようです」

課長「会社のビジョンは、その時々で変わることがない、もっと自分たちが何者かを宣言するようなものだと私はイメージしていました。今年、当社で発表されたビジョンを見ると、どちらかといえば、これから当社がどんな風にビジネスをしていきたいかを書いたもので、戦略との違いがよくわかりませんでした。あまり定義やイメージに拘っても仕方ないのですが、ビジョンはもっと社員の心に訴えかけるような、より深淵なものであって欲しいと思います」

主任「私の周辺には、会社全体に対して関心がある人と、関心のない人がいます。課長のような上位職でも、全社の計画などにはまったく興味を示さない人もいる一方で、私よりも若い社員の中には発表があるたびに全社の業績を粒さにチェックし、新しい中期経営計画を勉強しているような人もいます。ただ、どちらかというと、若年層にはそうしたものに意識が高い社員は少なくて、全社の計画にはあまり関心がない社員の方が多いです」

これらの証言には、いくつか重要な示唆が含まれている。そもそも論として、社員の中には、自分の所属組織の枠を超えた全社的な情報に興味がある人もいれば、放っておくと関心が向かない社員もいる。自分の周辺の事情にしか意識が向かない社員を、目線が低い、といってしまえばそれまでだが、そうした社員が存在するのは事実として受け止めるべきだ。次にわかることは、仮に全社のビジョンや経営計画に興味や関心を持っていたとしても、それらに期待すること、求めることは社員によって違いがある、ということである。これには、恐らく二つの要因が考えられる。まず、個々の社員がこれまでに得てきた知識の内容と量は、必ずしも同じではないという、知識格差の問題だ。

例えば、経営ビジョンをとりあげてみる。企業経営におけるビジョンというものが日本で取沙汰されるようになったのは、そう昔のことではない。１９９０年代の半ばに、米国で発刊された『ビジョナリー・カンパニー』という書籍によって、企業経営におけるビジョンの重要性が広く認識されることになった。以前から日本にも同種のものとして社是、経営理念などが存在していたが、ビジョンという言葉が定着したのは、『ビジョナリー・カンパニー』が経営書の名著として日本で流布してからである。社是、経営理念、ビジョン、加えて行動指針。これらを細かく知れば、それぞれ意味するところが違うとわかるが、長期的に会社が依って立つべきもの、といってしまえばそう大きく変わりはない。書店に並んでいる経営書の中には、理念、ビジョン、行動指針などの相互関係、位置づけを体系化しようと試みているものもあるが、自ら学ぼうと思わなければ、こうした知識は得られない。自分の身の回りの何人かに経営ビジョンとは何かを問えば、十人十色な回答が返ってくるだろう。それは、ビジョンについて何をどこまで知っているかの違いによる。元より抽象度が高い概念でありながら、かつ社員間で知識格差があるため、人によって会社のビジョンというものに抱くイメージや観念は違ってくる。そうである以上、ビジョンに対する期待値も同じものとなるはずがない。経営戦略にしても、同じことがいえる。

もう一つの要因は、もっと社員のパーソナリティに根差したものだ。人の中には、数字のように具体性と明確性が高いものを好む人もいれば、ストーリーやキーワードのように個人の感情移入がしやすい、感応性や情緒性が高いものを好む人もいる。ビジョンでも戦略でもよいのだが、それらに共感なり希望を見出そうとする社員がいる一方で、論理的な正しさや解釈の余地がないクリアさを求める社員もいる。これは、人の嗜好性によるものとしか言いようがない。次の章で詳しくは記述するが、人間の嗜好性、つまり人間が自然な状態で望み、求めるものは動機によって規定されている。

どの会社にも、上位者からの指示や強制がなくても、目標を達成しようと自ら頑張る営業社員がいるだろう。目標や課題を達成することに、無上の喜びを感じる類の人たちだ。こうした人は、達成動機と呼ばれるものが高い。片や、目に見える、形がはっきりした目標の達成よりも、社内的あるいは社外的に何がしかの意味を持った仕事に携わることが、何よりもやる気の源泉となっている社員もいる。例えば、自社にとって古くから大事な顧客を担当する、大々的に社外発表したプロジェクトに関わるなど、数字には表れないような、定性的なインパクトを希求する社員だ。こうした人はパワー動機というものが高い。心に響くもの、自然と関心が引かれるものは、動機によって左右される。ビジョンや戦略、経営計画のように、ある種のメッセージ性を帯びているものに対して、社員の嗜好性が出てしまうのは無理からぬことである。会社のビジョンを提示したのだから共鳴しろ、戦略を説明したのだから理解して実践しろ、と社員に一方的に迫ったところで、社員の心境に変化が起こるはずはないのだ。

知識格差と嗜好性（あるいは動機付くポイント）における個人差が、会社のビジョン、戦略的決定のような抽象度が高いものに対して、社員が興味の持つ内容の違いを生む。そうだとすると、それらを社員の琴線に触れる形で届けることができるのは誰かといえば、やはり中間管理職しかいない。日常の会話の中から社員一人ひとりの知識量を推し量り、彼らがどんな嗜好性を持っているかを探るのは、管理職だからこそできることだ。経営からの社員に対するメッセージの最たるものといえるビジョンや戦略を、社員のエンゲージメントに変換していくために、中間管理職はハブとして機能していかねばならない。

②キャリア開発や能力開発の指導

会社として社員の特性に応じた成長支援をしていくのは、極めて難度が高い取り組みであることを、構造的な原因と共に先に述べた。ただし、だからといって早々に諦めてしまって良いものではないことが、図表19（P１０２参照）にある分析結果からも裏付けられている。会社全体の取り組みとしては難しくても、現場で日常的にできることもあるはずだ。

一般にキャリア開発といえば、長期的に見て、社員が辿っていきたいと考える道筋を、真っすぐに歩んでいけるように支援することを意味する。それに対して能力開発とは、もう少し短期的な目線で、今の役割、あるいはその次に用意されている役割を、上手くこなしていくために必要なスキルや力の習得を支援することを意味するのが通例だ。時間軸の長さは異なれども、キャリア開発であれば将来的なキャリア・ゴール、能力開発であれば今あるいは次の役割といった具合に、目指すべき目標地点がある。その目標地点へ効率的に辿り着くように、目標から逆算して今なすべきことを導き出そうとする論法で組み立てられている。この論法の前提になっているのは、社員は皆、自分の職業人生を計画的に考えるはずだ、という思想である。しかし、会社員の皆が皆、そんなに先を見て打算的に仕事をしているとは到底思えない。

この違和感は間違っていないようで、スタンフォード大学のクランボルツ教授が、計画的なキャリア形成の思想に異を唱えている。ご存じの方も多いと思うが、クランボルツ教授はPlanned Happenstance Theory（プランド・ハップンスタンス・セオリー、日本語にすると計画的偶発性理論）を提唱し、予めキャリアを計画して、その計画通りに進めようとするのは非現実的であることを説いた。キャリアの8割は予期していない出来事や偶然によって決定されるとし、計画よりもむしろ、偶発的な出来事を意図的に作り出し、その出来事や出会いを意識的にキャリアアップの機会にすることが大事だ、という考え方である。言われてみると確かに、予定調和的なキャリア形成論よりも実態に即していると感じられる。社員がキャリアのゴール地点を定めて、そこへ向けて日々鍛錬を行っている姿よりは、目の前の仕事を全力で頑張っている社員が、自ずとそのうちに力が付いていくという姿の方が、ずっと自然な感じがする。

もちろん、自分は将来的に経営者になりたい、人事のプロフェッショナルになりたいと、職業人生の早い段階から目標を定めている若手の社員もいる。また、ここ十数年くらいの傾向だとは思うが、独立して自分の会社を持ちたい、と夢見る若年層が増えてきている。こうした社員は学校を卒業して就職先を決める時から、将来の夢に到達するために役に立ちそうな会社を選ぼうとし、入社後のプランも他の社員よりもはっきりとしている。3年間はまずビジネスの基礎を習得する期間として、その次の3年間はより経営に近い立場、例えば経営企画や財務に携わる仕事をして、その次には…といったように、内容自体は稚拙に感じられることもあるが、やりたいことを時間軸に沿って組み立てようとする。

このように、キャリアを計画的に考えようとする社員が一昔前よりは増えたことに間違いはない。最近、「意識高い系」という言葉が巷で流行っている。かつてはポジティブな意味で使われたが、現在はやたらと高い上昇志向を持ち、頑張っている自分に酔いしれている、自己評価が高い人たちを意味し、どちらかといえばネガティブな表現として用いられている。

意識高い系の若手社員に見られる傾向として、社内よりも社外での人脈作りに余念がなく、その手の団体が開催する勉強会やセミナーに積極的に参加し、その時々で書籍などを通じて世に生み出される最新のビジネススキルやコンセプトを学ぼうとする。常に自己啓発で忙しい彼らは、会社の中での仕事よりも、社外での活動にご執心、という風にも映る。

まだ自分の仕事が終わってもいないのに、早々に切り上げて社外の自己啓発セミナーに参加するような若手の社員を、目にしたことがある方も多いのではないだろうか。多少穿った見方かもしれないが、こうした人は自分が価値のあると思っていることを学べている、そのために活動をしているという実感が重要であって、明確な目標地点を見定めてコツコツと頑張っているわけではない。一般に、彼らが価値を感じるのは最先端のビジネス知識や世間的に有名な人物との交流など、自分は特別という感情を抱けるものが多い。他人が見ると、そうした活動や知識は何の役に立つのだろうかと首をかしげたくなるものも少なくない。しかし、他人に理解されるか、されないかなどは彼らにとって問題ではなく、自分が特別な存在であり、充実した毎日を送っていると感じられるかどうかが大事なのだ。

計画的に自分のキャリアを考えようとする社員、傍から見るとややズレているものの、自分の充実感を追い求める社員がいる一方で、大多数の社員はそんなに生き急ぐこともなく、一歩一歩、キャリアを積み上げていこうとしているはずだ。ただ、だからといって、そうした多くの社員が皆、同じような仕事をしたい、同じ能力を身につけていきたいと願っているかといえば、そんなことはない。キャリアのように大それた話でなくても、人によって仕事の選好性というものは必ずある。

一般的な仕事のステップアップ論には、定型的な仕事から企画色の強い仕事へ、ある一つの業務分野からより幅広い業務分野へ、といった思想が根本にある。企画色が強まるほど取り扱う課題の抽象度が上がり、難しい判断が求められるようになるし、カバーする業務領域が広がれば必要な知識や経験の範囲も広がるため、職務の複雑性という視点から見れば正しい考え方だ。ただし、社員が皆そうしたステップアップを心から望んでいるかというと、そんなことはない。会社員の常識的な理解として、会社側から自分にこのようなステップアップの機会が与えられれば、期待されている証拠だと受け止めるのが普通であるため、その意味では意気に感じるだろう。しかし、先ほども少し触れたように、手順やプロセスが定まっている仕事の方がやりがいを感じる人もいるし、いろいろな業務分野に手を出すよりも、自分がここと定めた一つの分野にこだわって専門性を高めていきたいと考える人もいる。社員のエンゲージメントを高めることを念頭にキャリア指導、能力開発支援を行おうとすると、社員全員に杓子定規なステップアップ論を当てはめることはできない。一人ひとりの仕事に対する選好性、平たく言うとどんな仕事を好み、どんな仕事に動機付くのか、を粒さに捉えていく必要がある。

会社に就職しようと奔走している時に、自己分析なるものを行うのが日本における就職活動の通例になっている。アルバイトのような経験は別として、会社組織の中で仕事の経験がない学生が、自分はどんな仕事に向いているのかを探る。向いているという意味の中には、能力と性格の両側面が含まれている。めでたく就職戦線を突破して会社員となった後にも、自己分析に類する活動を行う機会が近年では増えているように思う。リーダーシップ開発、それこそキャリア開発などの文脈で、管理職への登用といった節目のタイミングに、コンサルティング会社や研修会社が提供しているセルフ・アセスメントの手法を使って社員に自己分析の機会を提供している会社が増えている。セルフ・アセスメントは、能力的な適性を見出そうとするもの、性格や動機といったもっとパーソナルな特性を見出そうとするものに大別できる。本書では、社員の仕事の選好性について考える参考材料として、後者のパーソナルな特性について少し論じていきたい。

セルフ・アセスメントの手法を提供しているコンサルティング会社、研修会社によって手法の中身は異なれども、心理学的な理論に基づいている点、統計学を駆使して膨大なデータから組み立てられている点に大きな変わりはない（中にはそこまでの労力をかけず、もっと簡易な調査を提供する会社もあるといえばあるが…）。この手のアセスメント手法全般にいえることとして、どの会社のものであっても唯一無二と呼べる絶対的な手法はない。ただ、アセスメントの対象者のパーソナルな特性を見極める上で、一定程度の有益な情報を得ることができる。噛み砕いていうと、その人が自然な状態でどんな種類の仕事を好み、好むが故にどんな類の仕事に意欲を持って取り組めるのかを、いくつかの評価軸で診断できるのだ。代表的なものとして、エニアグラムなどが挙げられる。コーン・フェリーも、こうしたパーソナルな特性を診断するセルフ・アセスメント手法をいくつか持っている。社員の仕事に対する選好性を探るきっかけとして、その中から最もシンプルな手法をご紹介したい。

その手法とは、どんな性質を持った仕事を好むのかについて、五つのシンプルな対立軸で測ろうとするものだ。例を引きながら測定の方法を簡単に説明すると、分析よりも直感的な判断を重視する仕事が好きか、あるいは事実に基づく客観的な分析が必要な仕事が好きかということ、対立項を示して、よりどちらを好むかを見るものである。五つの対立軸は、**「⑴分析重視」「⑵戦略重視」「⑶創意」「⑷段取り」「⑸実直」**であり、それぞれの軸に対立構図がある。

「⑴分析重視」は、先ほど例に挙げたもので、Ⓐ分析的であるよりも直感的な判断を好み、

図表22 コーン・フェリーのセルフ・アセスメント手法における5つの対立軸

	Ⓐ		Ⓑ
(1) 分析重視	直観的な判断を好む	←→	分析的なアプローチを好む
(2) 戦略重視	実務的かつ具体的な業務を好む	←→	戦略の構想を好む
(3) 創意	確立されている方法やプロセスを好む	←→	新しいアイデアや方法を好む
(4) 段取り	計画的というより自然発生的なことを好む	←→	事前に計画を立てることを好む
(5) 実直	自分の考えに正直に行動する	←→	ルールや規則に従う

事実情報への過度な依存を忌避するか、その反対にⒷ拙速な判断を嫌い、データや事実を基にした分析的なアプローチを好むか、という軸である。容易に想像ができると思うが、アナリストや法務のような事実に照らした判断が求められる職務には、Ⓑの傾向が強い人が向いている。代理店やメーカーの営業など対人の場面が多い職務では、対峙する相手の特性を瞬時に見抜かなければいけない機会に恵まれているため、Ⓐ直感的な判断を好む人の方が適しているだろう。

「(2)戦略重視」は、Ⓐ概念的な戦略を論ずるよりも具体的な業務を好むか、Ⓑ実務的な業務よりも戦略を構想することを好むか、といった対立軸だ。戦略を考えること自体

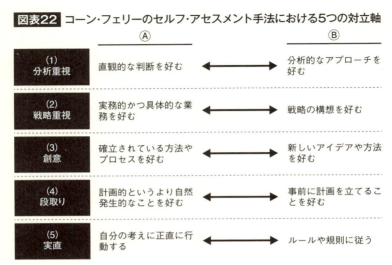

が仕事である経営企画をはじめ、○○企画とつくような部署の仕事は、程度の差はあれども計画や企画と称して抽象論を組み立てる必要がある。そうした部署では、Ⓑ抽象度の高い戦略を考えることを好む人の方が喜んで仕事ができるだろう。逆に、コールセンターやシステム運用の部署では、空理空論に思いを馳せる暇などなく、今起こっていること、目の前の問題解決に全力を注がなければならない。これらの部署では、Ⓐ実務的かつ具体的な業務を好む人の方が、苦も無く難局を乗り越えられるはずだ。

「⑶創意」はその言葉からイメージできる通りだ。Ⓐ革新性や創造性には興味がなく、既に確立されている方法やプロセスを好むか、Ⓑ好奇心が強く、常に新しいアイデアや方法を好むか、である。昨今、とかく革新性や創造性が望まれる風潮があるが、会社の中には保守的であることが価値を生む仕事もある。ある基準に照らした判断が求められるような仕事、例えばリスク管理や労務の部署では、決められた基準や進め方に則って業務を遂行することが大事だ。もし、そうした仕事に革新性が高い人を配置したならば、そう長くないうちに飽きて嫌気がさしてしまう可能性が高い。

「⑷段取り」は、簡単にいうと事前に計画を立てることを好むか否かだ。Ⓐ細かいことが気にならず、その場その場で起きることを楽しめるか、Ⓑ偶発を嫌い、事前に計画を立てて計画通りに進めることを好むか、だ。この性向は、私生活においても顕著にあらわれる。旅行に行くとなった際に、ガイドブックやインターネットで事前にいろいろな情報を集め、場合によっては分単位で旅行の計画を立てる人がいる。そして、こうした人は自分の立てた計画通りにならないとイライラし始める。その場の雰囲気で夕食を取るレストランを決めるなど、絶対にあり得ないような人だ。反対に、旅行は気楽に楽しむもので、偶発性に身を任せるからこそ面白いと思う人もいる。こういう人にとって、旅行の計画などあまり意味がないものだ。どちらがⒶ、Ⓑの傾向がある人かは、言うまでもないだろう。夫婦やカップルで旅行をする時に、片方がⒶでもう片方がⒷの場合、何らかの折り合いをつけない限り、旅先で口論になるのは目に見えている。

最後は**「(5)実直」**であり、Ⓐ仕事上のルールや規則に縛られることを嫌い、自分の考えに正直に行動することを好むか、Ⓑ何より仕事上で定められているルールや規則に実直に従うことを是とするか、という対立軸だ。こう書くと、いつ何時でもⒷの方が正義であるように見えるが、既存のルールを疑ってかからなければならない時もある。事業や組織の改革を推し進めるプロジェクトをしていると、現状の社内規則などが既に陳腐化しており、一度すべてをご破算にして新たなものを作らなければならない局面が往々にしてある。こういう時には、Ⓐの傾向が強い人の方が活き活きと仕事に取り組みながら、新たな発想をもたらしてくれる。片やⒷの傾向が強い人は、社内では極めて良識的な人物と見られていることが多いが、反面で規則やルールの枠内から一歩踏み出すことに強いストレスを感じてしまうのだ。

簡単な五つの対立軸だが、社員の仕事に対する選好性を分析する上で、シンプルであるがゆえに、一つの参考として有益だと思う。周囲の同僚や部下を何人か頭の中に思い描いて、五つの対立軸それぞれでⒶの傾向の方が強いか、あるいはⒷの傾向の方が強いのかを、簡易的に診断してみることをお勧めしたい。そうすることで、その人たちはどんな仕事を好んでいるかについて、何らかの示唆が得られることだろう。

仕事の選好性は、永遠不変のものではない。食べ物の好みと同じで、180度変わってしまうものでもないが、経験によって変わり得るものである。食わず嫌いのように、一度食べる経験をしてみると好きになる、ということも十分にある。いわゆる、やってみないとわからない、というものだ。そのため、今現在の仕事の好みだけで、その後のキャリア全体を考えてしまってもいけないのは事実である。長い目線で職業人生の歩み方を考えようとすると、好みよりももっと深い、人間の根源的な動機にまで思いを巡らせないといけない。とはいえ、管理職が部下の進路について会話をする上で、部下の仕事に対する選好性を把握しておくことが有益であるのは間違いない。また、能力開発の指導をするにあたり、どんな仕事をしたいかという部下の本心を知ることなしにいくら熱弁をふるっても、部下の心に響くことはないだろう。

繰り返しになるが、社員のエンゲージメントを高め、社員が幸せを感じる組織を作り上げるのは壮大な冒険だ。会社としてその冒険に乗り出そうとすれば、経営にも相当大きな覚悟が必要になるし、何か手を打ったからといって、一朝一夕に効果が表れるものでもない。

しかし、地道で漸進的《ぜんしんてき》な歩みにはなるかもしれないが、現場レベルで明日からでも着手できることがある。会社と社員の期待を擦り合わせるという、中間管理職の機能を強化することだ。正しくは、強化というよりもバラつきの平準化といった方が良いかもしれない。部下一人ひとりが異なることを念頭に置いて、彼らが無意識下で何を望んでいるのか、意識的に何を好んでいるのかを理解し、それらを刺激できるように組織のビジョンや方向性を語る管理職は既に社内に存在している。その一方で、部下個々人の違いを理解しようともせずに、あるいは理解できずに、画一的な育成指導をしようとする管理職もいる。

前者のような、部下のエンゲージメントを高められる組織長になれるよう、管理職が努力することに特別の準備も時間も要らない。本人の気持ち次第で、今すぐに始められることだ。

第4章

「幸せの感じ方は人それぞれ」で終わってしまわないように

4-1 働くことに対する動機を考える

人間、人によって幸せの感じ方はそれぞれである。社員エンゲージメントと相通ずるところがある結婚で考えてみても、幸せを感じられる結婚相手はさまざまだ。結婚相手に社会的なステータスや収入を求める人、共通の価値観を持っていることが大事な人、とにかく一緒にいて穏やかな気持ちになれる人、といった具合に、相手に最も期待する事柄は人それぞれである。万が一、結婚した後に、自分の求めに応えてくれない相手だとわかった時には、離婚をするか、あるいは現実に目を伏せて我慢を続けていくことになる。同じことが、人生の内で相当量の時間を過ごすことになる会社、また自分の仕事に対してもいえる。それぞれの社員が求めていることに応えることで、違う言い方をすれば、社員個々で異なる幸せを感じるツボを刺激することで、社員のエンゲージメントは高まっていく。

社員が会社に期待することはいろいろとあれども、コーン・フェリーが日本の会社に行ってきた社員エンゲージメント調査の分析で、エンゲージメントを高めるにあたり、会社が特に重視すべきものがわかった。加えて、社員の幸福度を上げようとすると、会社を挙げての大規模な総力戦を行わなくても、最前線にいる中間管理職の努力によって、十分に成し得ることがあるのもわかった。社員エンゲージメントは、会社のトップマネジメントだけが考えるべき問題ではなくて、ミドルマネジメントも真摯に向き合うべきテーマでもあるということだ。一組織の長である中間管理職が、部下のエンゲージメントを大きく左右する存在であることに、ここまでくれば誰も異論はないだろう。明確な上位者として、社員との直接的な接触が最も多いのは直属の上長なわけで、部下は直属上長のことを、会社を代表する存在として意識的、無意識的に捉えることになるのだから、中間管理職が社員の幸福度に大きく影響するのは至極当然のことである。

管理職が部下のエンゲージメントを高めようとすると、やはり「幸せの感じ方は人それぞれ」という真理に突き当たる。それは、会社全体の取り組みを考える上でも、管理職が個人的な努力をする上でも、絶対に避けて通れない不変の真理である。先に見たように、部下の心に訴えかけようとすると、自分のキャリアを形づくっていく上での希望、仕事に対する好みなど、一人ひとりについて深く知らなくてはいけない。それなくしては、部下の心に灯をともすことができない。しかし、考えてみると、こうした部下のパーソナルな内面を把握するのは、そう容易なことではないと感じる人も多いと思う。たまに、人間観察のプロ、もしくは人たらしの天才ではないか、と思わせる人がいる。相手の考えていることを正確に読むばかりでなく、相手の思考様式を完全に理解して、相手がどんな状況だとどんな行動に出そうかまで、まるで占いのように予測してしまう類の人だ。こうした一部の天才には、部下の深層心理を理解するのはそんなに難しくないだろう。一方、天才ではない大半の管理職にとって、部下が声に出して表明しない限り、一人ひとりの心の声をすくい上げるのは簡単な作業ではない。部下の幸せの感じ方を知るためには、何らかの知識や技術が必要だ。

近年、人間のモチベーションに関する研究が大きく進展している。特に産業界において、社員のモチベーションを向上させて、組織のパフォーマンスを高めることを目的とした、仕事に関するモチベーション、「ワーク・モチベーション」についての研究なり理論構築が百花繚乱の様相を呈している。日本においても、社員のモチベーション向上を専業とするサービス業態が、一つのプロフェッショナル職として定着しているくらいだ。人間の動機研究には、いくつかの流派がある。有名なところでは、動機研究の古典ともいえるマズローの欲求階層説、より仕事との関連性から動機を紐解いたハーズバーグの動機付け・衛生理論、目標設定の理論的な背景ともなっているロックとレイサムの目標設定理論などが挙げられる。そのいずれもが、人間が働いていく上で何に動機付けられるかを考える際、有益な示唆を与えてくれるものだ。もし興味を持たれたならば、一読されることをお薦めする。

人間の働くことに対する動機について知るのは、部下のエンゲージメントを高める上でとても役に立つ。働くことだけではなく普段の私生活においても、何に動機付くか、どんなことでモチベーションが高まるかは、人によって異なる。一人で黙々とランニングをして、日々目標を更新していくことに並々ならぬ意欲を燃やす人もいれば、異業種交流会などの、さまざまな人が入り混じった場での交流に情熱をかける人だっている。こうした個人による動機の違いに着目して研究を進めたのが、デイビッド・マクレランドである。デイビッド・マクレランドは、ハーバード大学で行動心理学をリードした教授で、動機研究以外にもコンピテンシーの発案者として、心理学のみならず人事の世界でも名の通った人物である。マクレランド教授は、コーン・フェリーの源流である組織・人事コンサルティング会社の旧へイグループに参画し、同社のリーダーシップ開発分野を強力に牽引した。

欲求理論（McClelland Motivation Theory）という名で著名なマクレランドの動機研究は、働くことに対する動機に関して、人による違いを極めてシンプルに説明している。シンプルな理論であるがために極めて実用性が高く、現在でもコーン・フェリーのコンサルティング活動で使用されている。ここでは、社員のモチベーションの源泉について理解を深めていただくために、マクレランドの動機研究の成果をお伝えしていきたい。

図表23 働くことに対する動機

仕事の成果を左右する3つの動機

達成動機	・目に見える目標を達成したい ・他者をしのぎたい ・新しいことを成し遂げたい
親和動機	・他者と良好な関係を築きたい ・より良い人間関係を維持したい ・衝突や別離を避けたい
パワー動機	・他者や社会に対して影響を与えたい ・高い地位を得て人の羨望を得たい

仕事に影響する動機、つまり人間が生来的に持っている欲求の種別は3種類しかない。この3種の動機の組み合わせによって、人が仕事に何を求めるか、どんな仕事に満足するのかが変わる。マクレランドの欲求理論を要約すると、こういうことになる。3種の動機種別とは、**「達成動機」「親和動機」「パワー動機」**だ。

「達成動機」とは、自分の目標を達成したい、与えられた課題を実現したいという、明確で形のあるゴールを達成することへの希求である。年間の営業目標の達成に動機付く営業パーソン、放っておいてもプロジェクトの期限を厳守することに全力を注ぐプロジェクト・マネジャー、こんな人が身の回りにいれば、彼らの達成動機は高いはずだ。

達成動機が高い人は、簡単に達成可能な目標には、そこまでの関心を示さないという特徴がある。達成するために、ある程度の肉体的、精神的な努力や苦労が伴わなければ、十分な充実感を得ることができない人々なのだ。また、観念的、抽象的な目標やゴールは苦手としている。世の中にインパクトを与えよう、顧客に自社だけの価値を提供しようといったような、自分なりにその意味合いを咀嚼しなければいけない目標にはあまり動機付くことはない。達成したか否かが測定可能な、具体的な数字や客観的な達成基準が存在するゴールでこそ、その達成に向けて大いなるやる気が掻き立てられるのも特徴だ。そうしたものであれば、誰かから与えられたものでも、自分で作ったものでも構わないのである。

「親和動機」は、他者と良好な人間関係を築き、それを維持することへの希求である。他者との人間関係づくりに何かしらの目的は要らず、仲良くなること自体が目的となっている人だ。飲み会で同僚と交流するのが大好きな人、仕事とは直接関係のない話題で周囲の社員と話し込んでしまう人は、恐らく親和動機が高い。この動機が高くない人から見ると、どうして無目的に他人とそんなにつるもうとするのか、という風に見えてしまう人々だ。親和動機に突き動かされる社員は、仕事そのものよりも、組織内、チーム内での人間関係に興味、関心が向けられる。自分も含めた周囲の人間関係がぎくしゃくすることを極度に嫌う。仕事を進める上ではどうしても相手に対して厳しいフィードバックをしたり、相手を思って怒らなければいけない場面も出てくるが、そうした他者との緊張関係が生じ得ることはできるだけ避けたいと願う。親和と調和こそが、この動機が高い人の望むところなのだ。

三つめの**「パワー動機」**だが、これは他者に影響を与えたい、他者をコントロールしたいという希求のことである。簡単にいうと、相手を意のままに動かしたいという欲求だ。こう書くと、独裁者のような負のイメージを持たれてしまうかもしれないが、会社内で責任のあるポジションにつく人には、持っていた方が良い動機とされている。社長や部門長といった、多くの部下を率い、社内外のステークホルダーに各種の働きかけを行う立場になれば、他者へ影響力を行使することに躊躇しているわけにもいかない。むしろ、積極的に自分の意見を主張して、相手を動かすことに喜びを感じられた方が、自らの役割を全うできるというものだ。このパワー動機をもう少し細かく見ると、実はさらに二つの種別に分かれる。**「ソーシャライズド・パワー」**と**「パーソナライズド・パワー」**の2種である。ソーシャライズド・パワーは、世の中に良いインパクトを与えたい、社会に貢献したいといった、外に向いたパワー動機だ。最近取沙汰されている社会起業家のような、社会課題を解決したいと心底思っている人たち、古くはマザー・テレサやキング牧師といった社会活動家は、間違いなくソーシャライズド・パワーに突き動かされている。もう一方のパーソナライズド・パワーは、どちらかといえば内向きなパワー動機であり、自分の地位や名誉のために影響力を行使したいという欲求である。他人から認められたい、褒められたいという承認欲求に近いかもしれない。パーソナライズド・パワーが強い人は、社内の公式なリーダー職のように目立つポジションに就くことにこだわり、一度権力を得ると自分が偉いことを誇示する傾向がある。ソーシャライズド・パワーとパーソナライズド・パワー、いずれもが他者に影響を与えることへの希求なことに変わりはないが、深く見てみると欲求の源泉は異なっている。どちらが良い悪いと簡単に言い切れるものではないが、どちらの方が上に立つ人間として相応しいかは、言うまでもないだろう。

人間であれば、多かれ少なかれこの3種の動機を生来的に持っているが、人によってそれぞれの動機の強さが異なる。ある動機だけが突出して強い人もいるし、達成動機とパワー動機が同じくらい強い人もいて、そのパターンによって仕事に対するモチベーションの持ち方が規定される。動機はかなりの程度、生まれもったもので、多少の変化はあるものの幼少期のうちに固まってしまい、それ以降は変わらないと言われている。そのため、3種の動機のうちで自分は何が強くて何が弱いのかを知っておけば、どんな仕事であれば楽しめるか、どんな仕事では気持ちが萎えてしまうかを、かなりの確度で予測することができる。逆もまた然りで、仕事を与える側の視点に立てば、社員にどんな仕事を与えればモチベーションが上がり、成果を上げるために活き活きと働いてくれるかを見定めることができる。

図表24 動機診断に使用される絵の例（TAT図版の模造）

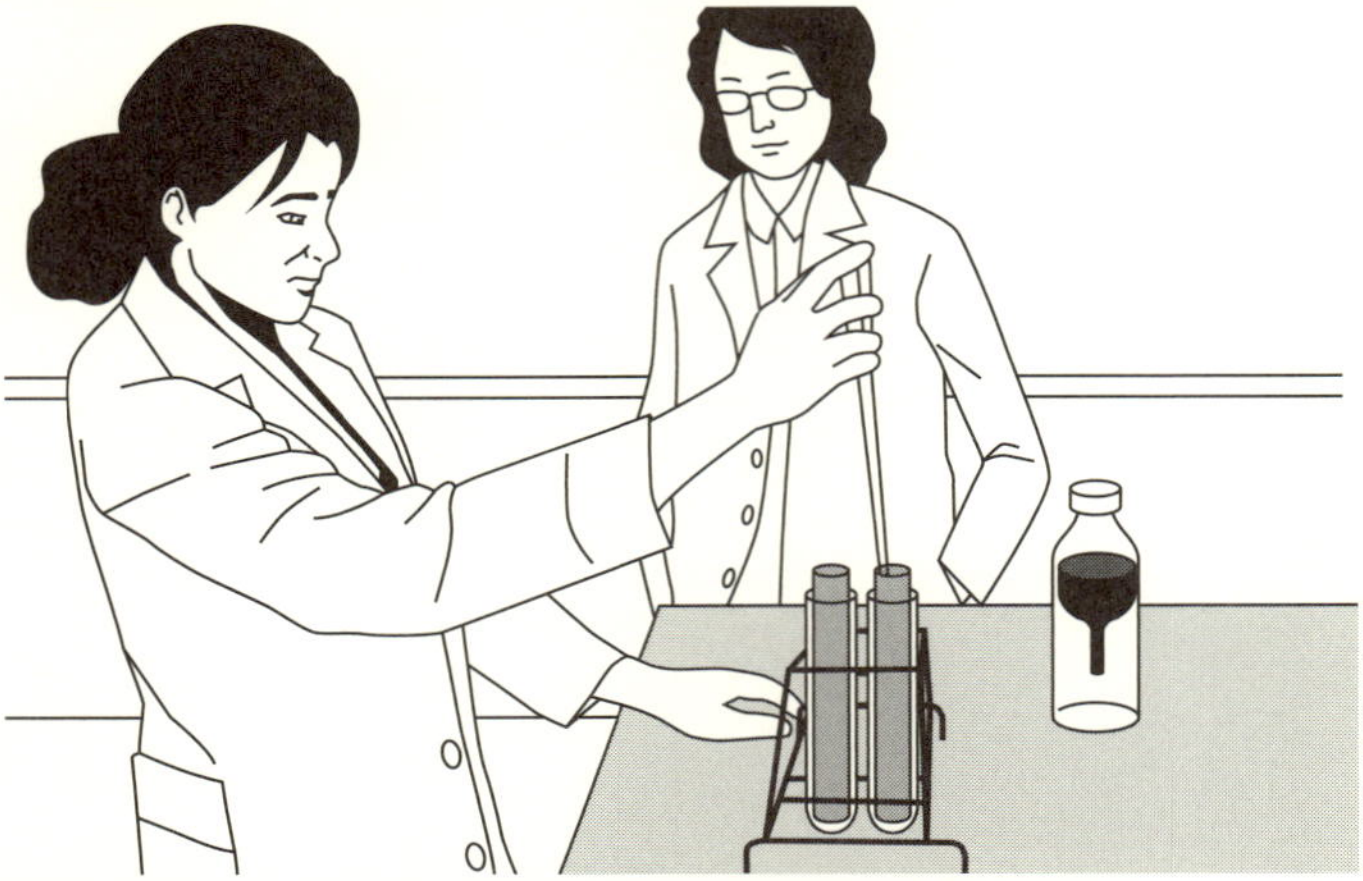

＊原図の掲載は心理検査の倫理規定に触れるため模造図版を例に挙げる。

コーン・フェリーは3種の動機の強弱を診断する方法論を持っている。Picture Story Exerciseと呼ばれる動機の診断手法なのだが、これがなかなか興味深いユニークな方法論なので簡単に紹介したい。

診断の対象者は、図表24のような絵をいくつか見せられる。周辺情報や何の解説もなく、このような一枚の絵を見て3分以内に物語を考えろ、というお題が出される。対象者は短い時間の中で、頭をフル回転させて起承転結のあるストーリーをひねり出さないといけない。絵の中にいる二人は誰で、今何をしていて、これからどんなことが起こるのか、それらを無理矢理にでも書かなくてはいけない。そうして対象者が

図表25 動機の傾向を測るための簡単なエクササイズ

（1）好きなスポーツ
Ⓐ：結果や成績が明確な個人競技（マラソン、テニス、水泳、登山）
Ⓑ：チームワークが大事な集団競技（サッカー、野球、バスケットボール）
Ⓒ：高級感、ステータス感のある競技（ゴルフ、乗馬、トライアスロン、クルージング）

（2）好きな本
Ⓐ：ハウツー本（趣味や仕事に関して熟達のノウハウが示されている本）
Ⓑ：恋愛小説、人情ものの小説、人物伝
Ⓒ：社会・政治・歴史に関する本、プレステージ感のある本（高級な服飾や装飾品に関する本）

（3）余暇の過ごし方
Ⓐ：自己啓発や能力開発、自分の頑張りで向上できる個人活動（ランニング、サイクリング）
Ⓑ：家族や友人との団らん、ネットワーキング活動
Ⓒ：コミュニティーの中でのリーダー活動、特別感のあるイベントや集会への参加（会員制のイベント、有名人が主催する集会）

（4）電話やメール、SNSの使い方
Ⓐ：用事がある時にだけ通信手段として使う
Ⓑ：特に急ぎの用がなくても、人とのつながりを感じたくて使う
Ⓒ：自分の情報を発信する手段として使う（自慢的な内容の共有、自分の考えやメッセージの発信）

書いた文章を、心理学の素養を持ったコーン・フェリーの分析官が解析して動機を診断する。面白いもので、同じ絵を見ているにも関わらず、人によって書かれる物語の内容は見事に違うものになる。この診断手法は、1935年にマレーとモーガンによって考案された絵画統覚検査（TAT）という人格検査に着想を得たもので、長年の実証研究によって精度を高めてきたものだ。

さて、皆さんは図表24の絵からどんなストーリーを思いついただろうか。

3種の動機について説明してきたが、自分はどんな動機が強いのかを知りたくなってきたのではないだろうか。Picture Story Exerciseを使えば、それをかなり正確に知ることができるが、もっと簡便な方法で動

機の強弱傾向くらいはざっくりと知ることが可能だ。

以下で、その簡単なエクササイズを行っていただきたい（図表25）。自分が好んでいるスポーツや、好きな本について、Ⓐ〜Ⓒのどれが当てはまるかを考える、というものだ。択一ではないので、複数当てはまると思えばそれでも問題ない。

(1)好きなスポーツ
Ⓐ結果や成績が明確な個人競技（マラソン、テニス、水泳、登山）
Ⓑチームワークが大事な集団競技（サッカー、野球、バスケットボール）
Ⓒ高級感、ステータス感のある競技（ゴルフ、乗馬、トライアスロン、クルージング）

(2)好きな本
Ⓐハウツー本（趣味や仕事に関して熟達のノウハウが示されている本）
Ⓑ恋愛小説、人情ものの小説、人物伝
Ⓒ社会・政治・歴史に関する本、プレステージ感のある本（高級な服飾や装飾品に関する本）

(3)余暇の過ごし方
Ⓐ自己啓発や能力開発、自分の頑張りで向上できる個人活動（ランニング、サイクリング）
Ⓑ家族や友人との団らん、ネットワーキング活動
Ⓒコミュニティーの中でのリーダー活動、特別感のあるイベントや集会への参加（会員制のイベント、有名人が主催する集会）

(4)電話やメール、ＳＮＳの使い方
Ⓐ用事がある時にだけ通信手段として使う
Ⓑ特に急ぎの用がなくても、人とのつながりを感じたくて使う
Ⓒ自分の情報を発信する手段として使う（自慢的な内容の共有、自分の考えやメッセージの発信）

もちろん、中にはそんなにデジタルに割り切れない選択肢もあるだろう。ただ、相対的に考えていけば、それぞれでⒶ～Ⓒの強弱傾向が自分でわかるはずだ。もうおわかりの方もい

ると思うが、Ⓐが達成動機でⒷは親和動機、Ⓒがパワー動機である。最も当てはまる、最も当てはまらないのはどの動機だっただろうか。

人間は理性の動物なので、日々の生活において素直に動機だけに従って行動しているわけではない。本来は親和動機が低い人でも、会社生活において周囲との人間関係が大事なことがわかれば、乗り気でなくても夜の飲み会に参加もするし、人並みに同僚と世間話はするだろう。また、いくら達成動機が低い人でも、会社に属している限り、自分に与えられた目標を意識することは当然のことで、たとえモチベーションが湧かなくても目標達成に向けて頑張ろうとする。こうした頭で大事だとわかっていること、環境に適合するためにこうすべしと思っていることを、価値観（Value）と呼び、動機とは明確に異なる要素として取り扱っている。動機と同様に、価値観も「達成」「親和」「パワー」の3種から構成されている。動機との違いは、達成動機の場合は「目標を達成したい」と自然と心から希求するのに対し、価値観の場合は「目標を達成しなければいけない」と頭で言い聞かせる点にある。動機と価値観が完全に一致していれば本人は一番幸せなのだが、一致していないケースの方が多い。

よくあるのが、本当はパワー動機が低い人なのだが、組織長という役割上、多くの人に影響力を行使しなければいけない立場にあり、本人もその重要性を十分に理解しているケースだ。こういう人は自覚的に行動しないと、部下へのコミュニケーション頻度が少なくなり、本来は部下を動かして成すべき仕事も、自分一人だけで抱え込んでしまうことになる。それを防ごうとして、価値観で己の行動を矯正しているのだ。違う典型例として、元々は親和動機が高い人が、リストラといった人間的にドライな判断を下さなければいけない、といったケースもある。組織の再構築をミッションとして与えられた事業部長などが、部下に他部署への異動や退職を迫らなくてはいけないことを頭では理解し、価値観として親和を低めようとするものの、元来の親和動機の高さから精神的に大きな葛藤を抱え込む。ひどい時には、この葛藤から本人のメンタルが病んでしまう、そんなことも起こり得る。

動機と価値観の乖離は、往々にして精神的なストレスを生じさせる。こうすべしという理性で行動を矯正させる価値観は、自分が置かれている立場や役割によって形成されるものだ。会社から与えられた役割が動機とマッチするものであれば、その人は活き活きと働くことができる。相当に強靭な精神力の持ち主でもない限り、役割が求める価値観と生来的な動機との間に大きな食い違いがある人は、不幸な結末を迎えてしまう。

人間は理性の動物だと書いたが、理性が吹き飛んでしまい、動機のみが人の思考と行動を支配してしまう場合もある。大きなプレッシャーを受けてぎりぎりの精神状態に追い込まれた時、抜き差しならない緊張状態が続く時、人間は理性のコントロールが効かなくなり、生来持っている動機が前面に顔を出してくる。そのため、会社の中で誰よりも大きな責任を背負い込み、社外からは業績向上への圧力を受け続け、社内で日常的に起きる諸問題への対応が迫られる経営者にとって、動機のあり方は極めて重要になる。経営者は常にプレッシャーを受け、ぎりぎりの判断を迫られる機会も他人の比ではない。経営者の後継候補に対して、企業トップとして望ましい振る舞いができる人かを見定めるアセスメントの需要があるのは、こうした事情によるところが大きい。

かつて、ある大手の素材メーカーで、二人の次期社長候補にアセスメントをしたことがある。現職の社長は2年後には退任を予定しており、次期社長候補を二人にまで絞り込んだものの能力的には甲乙つけがたく、どちらの候補が自社の次期社長に適しているか、専門家としての見立てを求められた。長時間のインタビューや各種の診断を行ってみると、この二人は確かに素晴らしい力量の持ち主で、強みと弱みに若干の違いこそあるものの、総合的に見れば同等の力を持っていることがわかった。ところが、一点だけ決定的な違いがあることも同時にわかった。動機の強弱パターンがまったく異なるものだったのだ。

一人は経営企画や人事を管掌する専務で、穏やかな人柄がとても印象的な方だった。社内

図表26 動機プロファイル：経営企画・人事管掌の専務の場合

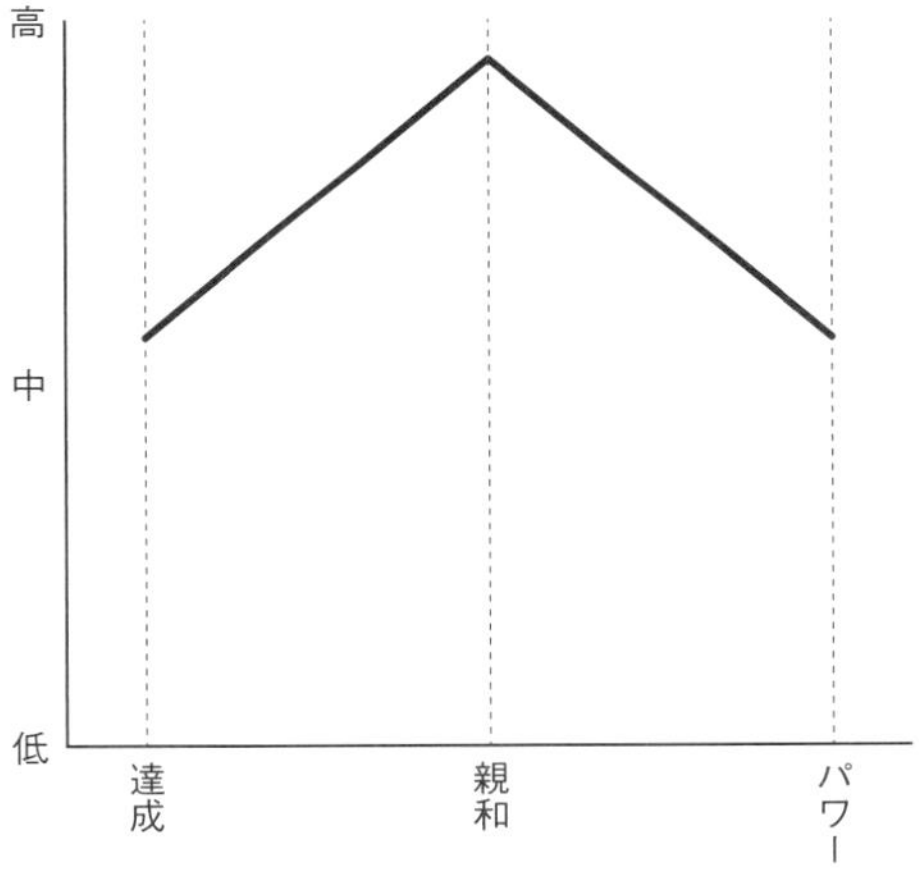

の調和を何よりも重んじ、自分の主義主張を押し通すよりも、相手の話を良く聞く民主的な組織運営がこの専務の特徴であった。動機診断の結果を見ると、予期していた通りに親和動機が最も高く、達成動機やパワー動機はほどほど、という水準だった。

この素材メーカーは複数の事業を持っていて、同社の経営計画は各事業本部が立案する計画を積み上げ、最後に全体調整をかけるというプロセスで組み立てられていた。また、人事についても同様のことがいえ、事業本部間での調整が人材配置を行う際の鍵になっていた。この専務の、親和動機に支えられた調和を旨とする行動様式は、同社の経営企画や人事の責任者としてまさに適するものだったのだ。

図表27 動機プロファイル：事業管掌の常務の場合

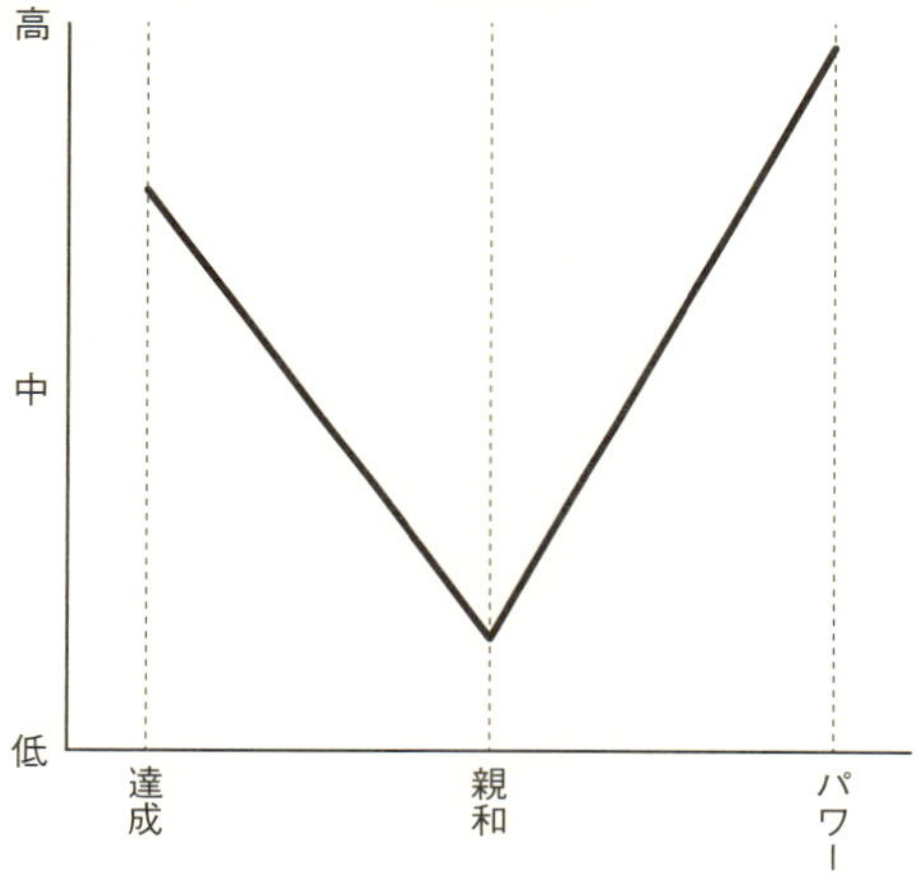

もう一人は、ここ数年で急成長を遂げたある事業を管掌する常務だった。同社の中で決して本流とはいえなかった事業を担当し、たった数年で主力事業の一つにまで育てあげた功労者である。事業モデルの再構築や大規模な組織改革を断行し、事業経営者としての辣腕《らつわん》を社内外から高く評価され、常務にまで上り詰めてきた方だ。合理的な思考様式が特徴で、事業の成長のために必要と判断すれば、躊躇なく大鉈を振るうことができる。組織運営においては、自らの経営ビジョンと戦略をはっきりと示し、明確な判断基準を持って部下にも接していることがアセスメントでも立証された。反面で、その強力なリーダーシップが時には仇となり、部下から十分な理解を得られない

ことや、他の役員との衝突を生むこともあった。動機診断はパワー動機が最も高く、達成動機もほぼ同じくらいの高さという結果であった。親和動機は皆無とは言わないものの、かなり低い水準だった。

事業の成長という目標に執着し、周囲との軋轢《あつれき》があったとしても、断固たる態度で組織を動かしていけるのは、こうした動機特性の賜物だといえる。

能力的な面に大きな差はないが、動機が正反対の二人の次期社長候補をどう見るか。同社の次期社長が、この先どんな状況に対応していく必要が出てくるかを予測することで、その答えをつかむことができる。この素材メーカーは伝統的に二つの主力事業を有していたが、そのどちらもがグローバルな競争環境の中で苦境に立たされていた。自社よりも安い値段で製品供給が可能な、中国や韓国の競合他社の台頭によって、市場のシェアをどんどんと奪われていた。また、設備の老朽化が進むと同時に、製造人員の高齢化が進んだことで人件費も高騰し、生産にかかるコストが年々上がり続けていた。現職の社長の任期中には何とか踏みとどまれても、次期社長の時代には全社レベルでの構造改革の断行が不可避なことが、衆目一致するところであった。構造改革の中には、同社の発祥の地として長い年月にわたって特別視されてきた工場の閉鎖も含まれるだろうというのが大方の見方であった。次期社長には構造改革のような守りだけではなく、新たな事業の種を見つけて成長の柱にしていくという、攻めの経営が同時に求められることも、誰の目にも明らかなことだった。

こうした、改革局面を切り抜ける必要がある次期社長に適しているのは、どちらの候補者だろうか。単純化して語るならば、攻めの常務を取るか、安定感のある専務を取るか。もちろんのことながら、アセスメントを依頼した社長にも、確信には至らないものの既に答えはわかっていた。社内での衝突や軋轢に臆することなく改革を断行し、成長のシナリオを描いて迷うことなく突き進むことができるのは、強い達成動機とパワー動機を持っている常務の方だ。もし親和動機の高い専務を選んだとすれば、事業縮小や工場閉鎖などによって、今の仕事を失ってしまうであろう従業員のことが真っ先に頭に浮かび、思い切った判断ができない恐れがある。また、社員全員を公平に扱わんとするばかりに、急成長をさせなければいけない事業に思い切った投資ができないといったリスクも考えられる。次期社長が迎えるはずの局面を考えれば、明らかに常務の方が適しているといえるのだが、専門家としては何の留保もなく推挙できるものでもない。

周囲との衝突や抵抗勢力をものともしない強さを持った常務ではあるが、強さの裏返しで経営陣の協調体制を上手く築けない、不必要に敵を作ってしまうといったリスクが想定される。何事でも、強い光であればあるほど影も濃くなるわけで、人選びで何らかのリスクを抱え込むのは致し方ないことではあるが、わかっていて放置することもできない。この常務の場合、自分自身がそうした負の可能性をはらんでいることを十分に理解して行動を矯正するか、常務の陰になって人間関係を取り持つ腹心の部下をつけるか、いずれかの対処法が考えられる。

この次期経営者選びは、常務が専務を飛び越えて社長に抜擢されるという形で決着した。では、件の人間関係面でのリスクにはどのように対処したのだろうか。ここが前社長の英断だと思うのだが、専務を副社長に昇格させて、新社長を支える体制を取ったのだ。専務からすれば、いくら柔和な性格だとはいえ、年齢も役職も下の常務が自分を飛び越えて社長になるのを面白くは感じなかっただろう。ただ、経営が一枚岩になって難局に立ち向かうための潤滑油的な存在として、人の調和を重んじる専務よりも適材はいない。専務に個人的な感情を抑えて、新社長を黒子として支えることを了承させたのは、前社長の見事な引き際であったと思う。人間の思惑や感情が複雑に渦巻く社長交代劇で、このように極めて合理的な判断を下すのは、そうそう簡単にできることではない。

動機というものが、会社の中で仕事をしていく上でいかに大事かをお伝えするために、次期経営者選びに話が少し逸れてしまった。動機というものは無意識的に人間の思考と行動を支配する。しかも、ほぼ生まれ持ってのものであり、基本的には生涯を通じて変わることがない。動機のままに動いてしまうことが、周囲の環境に適合するために正しくないと理性で判断すれば、価値観という形で矯正することもできなくはない。しかし、それは自然な欲求を無理して捻じ曲げることを意味しており、長く続ければどこかで心にガタがくる。そう考えていくと、素直に動機に合った仕事をすることが、社員にとって一番幸せなことである。

4-2 社員の琴線に触れる仕事の与え方

働くことに対する人間の動機について触れてきたのは、社員それぞれで異なる「幸せの感じ方」を、少し科学的に紐解こうとしたからであった。マクレランドの欲求理論に従うと、三つの動機種別の強弱がわかれば、社員がどんな仕事に高いモチベーションを感じるかについて、かなりの確度で知ることができる。先ほどの繰り返しになるが、一つの動機種別が突出して高い人もいれば、二つの動機種別が同じくらい高い人もいる。たまに、三つの種別がすべて高いという人も見かける。こうしたすべてが高い人は、なかなか大変だ。というのは、どんなことにでも興味を持ち、いろいろなことに気が向いてしまうため、他人から見るといつも気もそぞろな、落ち着かない人に見えてしまう。また、本人も忙しいことを自覚していて、その気ぜわしさに疲弊してしまっている場合が多い。その真逆で、出現頻度は低いのだが、三つ共にかなり低いという人もいる。常に低体温というか、そうした人は相手にいつもニヒルな印象を与え、何かに熱意を覚えることもあまりないようだ。気持ちに火をつけるのが極めて難しい人も、この世の中には存在するようである。

いずれにせよ、三つの動機種別の組み合わせによって、社員の気持ちが高ぶる仕事が決まってくる。だとすれば、一つひとつの種別について、その動機が高い人がどんな仕事を心から希求するかがわかれば、後はその組み合わせで考えることができる。これから、①達成動機　②親和動機　③パワー動機の各々で、社員の気持ちを高揚させられる仕事の内容を見ていきたい。

①達成動機

もうおわかりだと思うが、達成動機の高い人は明確で具体的な目標や課題の達成に喜びを感じる。また、簡単に達成可能なものよりも、達成に向けて相応の努力や苦労が必要とされる目標にこそ言い知れぬ喜びを感じるという、ある種のマゾヒスティックな性向を持っている。これらの条件を備えた仕事の典型例には、どのようなものがあるのだろうか。わかりやすいものからいくと、必達の目標数字が与えられる事業の責任者や、営業の担当者が挙げられる。こうした仕事では、他に解釈の余地がない、抜群の明確性を持った数字が目標となり、通常は本人の意思とは関係なく十分なストレッチがかかっている。

「私が○○事業の責任者に着任した時、まずは絶対に今年度の事業計画を達成してやろうと思いました。ここ数年、この事業は計画を達成してなかったので、計画上の数字に到達することを最低限の目標とし、計画値の120％を目指すべき目標にすると自分で決めました。事業環境が厳しいのはわかっていましたが、求められている通りにやるのは面白くないので、どうせならもっと上を目指してやった方が、自分の力も湧いてくると思ったからです」

これは、達成動機が飛び抜けて高かった、ある会社の事業本部長の話だ。こうした、典型的な達成動機の人の話を聞いていると、会社から与えられた目標よりも、さらに上をいく目標を自分で設定する、といったケースによく出くわす。見方によっては、悲壮な覚悟で背水の陣を引いたのだと見えなくもないのだが、本人にはそんなつもりはまったくなく、自分のモチベーションを掻き立てる術として極めて自然のことなのだ。

数字での目標設定ができる仕事は、他にもいくつかあるだろう。調達コストの削減が主務である購買系の仕事、期日で納期が決められているシステム開発系の仕事、生産目標を持っている製造系の仕事といったように、社内を探せば結構な仕事が挙げられる。今挙げたような仕事には、達成動機が強い人が適しているのは誰が見ても明らかなことだ。では、目標は数字でなくてはならないかというと、決してそんなことはない。達成できたのか、できなかったのかを、一定の客観性を持って自分で判断できる目標であれば、数字である必要はないのだ。

「新しいリスク管理の仕組みを我が社に導入することを、自分の目標に決めました。近年、リスク管理に関して欧州で新しいコンセプトが創られました。欧州と米国の金融機関では、この新しいコンセプトに基づいたリスク管理の仕組みがどんどんと導入され、スタンダードになりつつあります。ただ、日本ではまだ導入に踏み切っている金融機関はありません。私はこれまで、新しいポストに就くたびに自分で目標を設定し、それを実現してきました。日本初でこの新しいリスク管理の仕組みを導入するというのは、リスク管理の統括役員として、とても刺激的な目標だと思っています」

ある金融機関で役員をされている方が、活き活きと語ってくれた。目標とされているリスク管理の仕組み導入は、数字で成否を表せるものではないが、導入できたか否かの判断は明確にできるものだ。しかも、日本で未だ導入した会社がなく、身近に成功事例がない意味で、かなり難易度が高い取り組みであることも想像できる。

正直なところ、会社内に存在する仕事であれば、どんな仕事であれ目標を立てることは可能だ。数値での目標設定が難しい仕事だとしても、先ほどの金融機関の役員のように、自分なりに成否判断ができる具体的な目標を立てることができる。そのため、達成動機の高い人はどんな仕事を与えても自分自身でゴールを決めて、そこに向けてアクセル全開で突っ走ることができるはず、という考え方だってできる。ただ、役員のように自分が持っている裁量で大きな目標を決められる立場にあれば良いのだが、多くの社員は自分の裁量でもって、自由に公式な目標を立てることは難しい。自分の心に誓うことはできたとしても、やはり目標は周囲に公言できてこそのところがある。そこで、この種の社員には、明確で具体的な目標や課題を元来的に有している仕事を与えるのが手っ取り早いのである。

②親和動機

他者と良好な関係を築いて、それを長きにわたって維持することを求める親和動機の高い人の根っこには、他者に対する興味と関心が存在している。そもそも、この動機が強い人の中に、他者に無関心な人などいない。親和動機が高い人にとって、孤独は最も忌み嫌うべきものであり、基本的に他者と絡むことが少ない、独力遂行型の仕事は大敵である。出来うる限り多くの人たちと協業する機会に恵まれた仕事が望ましい。

人と協業する仕事といっても、目標達成や課題を解決することに重きを置いた協業よりも、人と触れ合うこと、関係を築くこと自体に意味がある仕事の方が彼らを喜ばすことができる。

もちろん、会社内でまったく目標のない他者とのコラボレーションなどあり得ないので、あくまで程度問題の話にはなるが…。

例えば、社員の健康や安全をケアする総務や人事系の仕事、部署間調整がメインの企画管理系の仕事、社員の声を吸い上げて業務改善や働き方改善につなげるタスクフォースのメンバー、親和動機が高い人であればこうした仕事に喜びを感じられるはずだ。また、触れ合う相手は何も社内だけに限る必要はない。渉外や広報のように、社外の関係省庁、メディアといったステークホルダーとの接触が多い仕事も、一般に親和動機が強い人が向いていると言われている。

「ドクターをはじめとした医療関係者、雑誌や新聞記者など、社外でお会いする方々はとても多いです。私の仕事は、自社の活動について関係者の皆様にもっと知っていただくと同時に、医療業界の潮流を自社にフィードバックすることです。自分とは違う、いろいろなバックボーンを持った方とお会いするのはとても刺激になりますし、いつも会話ができることを楽しみにしています。ある医療関係者の方にお会いすると、その方の紹介でまた別の方にお会いする機会ができ、どんどんと人脈が広がっていくところも、私がこの仕事が好きな理由です」

大手の医療メーカーで、広報的な役割を担っている女性の管理職が、今の職務内容についてこんな話をしていた。動機診断をしたところ、この女性管理職は親和動機のみが突出して高い結果だったことは言うまでもない。部下にも話を聞く機会があったのだが、この女性管理職のスケジュールにはいつも誰かとの面会が入っていて自席に座っていることがほとんどなく、上司と話す時間が持てずに困っていると、冗談めかして話していた。本人の弁では、仕事で一度仲良くなった人と仕事抜きで夜の会食をする、休日のアクテビティーでもご一緒するなど、個人的な交流に発展するケースも少なくないという。とにもかくにも、人と交流して関係を構築するのが楽しくて仕方がない、そんな様子が伝わるだろうか。まさに、親和動機が強い人の象徴例である。

コーン・フェリーは成功している事業経営者について調査研究を行ってきた。その調査では、高い成果を上げた事業経営者（この場合の経営とは社長だけを指すのではなく、事業部長など一つの事業を運営する責任を負っている組織長も含む）は、達成動機とパワー動機が高い傾向にあることが報告されている。つまり、親和動機が高い人はあまり見られなかった。社内外に向けて約束した事業目標の達成に向けて、組織をダイナミックに動かしていく立場にある事業経営者には、達成とパワーの2種の動機が強い人の方が適格なのは、確かに合点がいく話だ。事業経営の責任者という役割においては、人間関係の構築自体に喜びを感じる親和の動機が、どうしても必要というわけではなさそうだ。ただ、だからといって高い親和動機を持った人を軽んずるものでは決してない。いくつか触れてきたように、会社の中には人との交流が成功の鍵となる仕事が存在しているし、そうした仕事が与えられれば、親和動機が強い社員は喜びを感じることができる。

少し前から、ネットワーク型組織というものを耳にするようになった。日本の大企業に古典的に見られるような、序列や階層がはっきりしたピラミッド型組織への対立概念である。ピラミッド型組織では指示命令系統がはっきりしていて、上意下達で物事が進んでいく。それに対してネットワーク型組織では、組織の構成員の自立性、独立性が高く、物事の決定は個々人の判断に委ねられるところが大きい。ネットワーク型組織では、意思決定の迅速化、イノベーティブなアイデアの創出が可能だと言われており、そうした文脈から世間の注目を浴びている。組織に属する個々人の裁量が大きいということは、強い権限を持ったリーダーの不在を意味する。しかし、牽引者がまったく要らないわけではなく、権力行使とは別のやり方で組織を束ねていく必要がある。こうした組織でこそ、親和動機の強い人が真価を発揮する。その性格上、遠心力が働きやすいネットワーク型組織では、人の心を繋ぎとめて調和を図るリーダーが必要だ。一方的な指示命令に頼れないからこそ、人間的なつながりをベースにして、メンバーの感情に訴える組織の運営方法が意味を持つのである。

③パワー動機

パワー動機には、世間に対してインパクトを与えることを希求するソーシャライズド・パワー、自分を周囲に認めさせたいと希求するパーソナライズド・パワーの2種類があった。動機の真なる源がそのいずれであっても、他者に影響力を行使できる、他者を思い通りに動かすことができる立場や役回りを欲するのが、パワー動機の高い人々の共通傾向である。端的にいえば、組織の中で権力を持ちたいと願うのである。こうした社員のモチベーションを引き出すには、大事な物事を決めて人員を動員することが可能な権限を与えるのが最もシンプルな方法になる。会社員であれば誰しも、上位のポストに引き立てられれば自分の貢献が認められたと受け止め、喜ばない人はいないだろう。しかし、パワー動機が強い社員の、より大きな権限、より大きな責任に対するこだわりは、その程度のものではない。特に、パーソナライズド・パワーに突き動かされている人は、出世することが職業人生における最たる目標になっていたりする。仕事の内容や自分の成果などは二の次で、他者より抜きん出た高みに上り詰めることばかりを考える。

承認欲求が高い人を、責任ある役割につけることの是非は置いておくとして、パーソナライズド・パワーが動機の源泉となっている人のモチベーションをくすぐるには、他の人よりも上の立場にあると思わせることが肝である。しかも、本人がその中で抜きん出たいと思っている集団の中において、君だけに特別な役割を与えた、と思わせられれば最も効果的だ。

社歴の短い若年層の内は、通常は同期社員の存在が自分の比較対象になる。若手社員に特別感を持たせようとすると、同期社員よりも大きな仕事を任せるか、他の同期がまだ一担当者のうちに、一人だけリーダー的な職務を担わせるのが有効である。そのどちらの方策を取るにしても、同期との違いはほんの少しでも構わない。あくまで相対比較の話で、本人にとって大事なのは、自分は同期と違うという事実一点だけであって、その程度は大して意味をなさないのだ。ソーシャライズド・パワーが源泉となっている社員の場合は、こうも単純にはいかない。単なる権力志向とは異なり、大なり小なり己の大義名分を持っているからだ。

「自分でヒット商品を生み出したいとずっと思っていました。いつ頃からその思いが強くなったのかはっきりとは覚えていませんが、この会社に入社した時から、消費者が飛びつくような商品を出して自分の存在を世に問いたいとの思いはありました。ある時、商品開発に携わるようになってからずっと温めてきたアイデアが、ようやく形になってきたのですが、私はまだ一課長に過ぎなかったので、自分一人の考えで商品化を進めることができませんでした。そこで、本当は越権行為になるのですが、自分を商品開発の一責任者にして欲しい、商品化を進めるための権限を委譲して欲しいと、部長を飛び越えて直に担当役員に掛け合いました。今から考えると、だいぶ無茶なことをしたなと思うのですが、その役員は度量の大きな人で、私をこの商品の開発プロジェクト責任者に抜擢してくれました。ヒット商品が出せる確率は数パーセントしかないという業界ですので、自ら死地に飛び込んだことになるわけですが、その時はこれ以上ないくらいの高揚感を覚えたのを、今でもはっきり記憶しています」

ある消費財メーカーで、今では商品開発部長を務めている方が、同社の有名なヒット商品を開発した当時のことを語ってくれた。ヒット商品を生み出して世の中にインパクトを与えたい、その強い信念でもって自ら大役を獲得するという行動に出た。プロジェクトの責任者になった後、商品化の道のりは決して平たんなものではなかったそうだ。自分の中では完ぺきだった試作品がまったくの不発で、何度もアイデアの練り直しを迫られたかと思えば、あまりにプロモーション方法が斬新だったために、同社のイメージを壊すと経営者からの痛烈な非難にさらされるなど、多難の末の上市だった。何度も心が折れそうになりながらも、足掛け3年の月日を走り抜けることができたのは、ヒット商品を生み出したい、生み出せるのは自分しかいないという、妄信ともいえる気概の賜物だったのだ。

この話のような半ばドラマじみた仕事は、世の中そんなにはないのかもしれない。ただ、ソーシャライズド・パワーを生来的に持っている人には、その人なりの大事な夢があるものだ。周囲の社員が楽しんで仕事ができる環境を整えたい、自らが構想したコンセプトで新規事業を立ち上げたい、大事なクライアントへ付加価値の高いソリューションを提供して感謝されたい。レベル感や内容は十人十色だろうが、単なる自己顕示とは次元が異なる、外に開かれた影響力行使の大望を持っている。そして、どこまで声を大にして表明するかは別として、通常はその夢について何らかのメッセージを周囲に発信している。彼らのモチベーションを高めるには、その声に耳を傾けて彼らの夢を理解することがはじめの一歩になる。それができたら、彼らの大望を少しでも後押ししてあげれば良い。時には、社員が切に願っている周囲へのインパクト発揮が、今現在の仕事だと直接的には難しいケースも十分にあり得る。

少し極端な例えではあるが、法務部に所属する社員が、自社の認知度を高めたいと夢見ていたとするならば、どのように処するのが良いのだろうか。認知度向上に直に関係する広報やマーケティングの部署への異動が、最も素直な打ち手であろう。もし異動まで思い切った手が打てないのだとすれば、法務部の仕事であっても、コンプライアンスを社内に徹底することで世の称賛を受け、ひいては自社の名声を高めることも可能だ、といったような間接的に訴求する論法を考える以外に方法はないだろう。

社員のモチベーションを喚起しようと思うと、動機種別の強弱に応じて仕事の与え方を変えていかねばならない。仕事の形を個々の動機に合ったものへときめ細やかに整えて、公式な形で与えることができるのは、社員の最も身近に位置している中間管理職ならではの特権だ。無論、すべてがすべて、部下の動機特性を満たすように仕事を付与するのは不可能だろう。長として自分が預かっている組織の中だけでは、部下に提供できない仕事の機会もあるはずだ。ただ、100%マッチする仕事は与えられなくても、次善の策を講じる努力はできる。部下の動機を深く知ることで、その道筋が見えてくるのだ。

4-3 社員の動機を上書きすることはできるのか？

社員の動機を満たせる仕事が与えられれば、その社員は会社の中で活き活きと幸せに働ける。冷静になって引いた目線から見ると、至極真っ当な結論だ。会社が社員に提供できるものの中で、金銭的な報酬と並ぶ重要なものは、仕事そのものぐらいしか思い当たらない。「仕事の報酬は仕事」という、ソニーの創業者である井深大氏の有名な格言があるように、仕事自体がインセンティブ手段になり得ることは、昔から一つの常識になっている。しかし、いくつかの著名な会社を眺めると、どうにも説明がつかない事例が存在するのもまた事実である。カリスマ経営者が率いるベンチャー企業や、強烈な企業文化を持ったコンサルティング会社などでは、まるで一つの熱波に煽られているかの如く、社員が皆同じ動機に駆り立てられ働いているように見える。社員によって働くことに対する動機は異なり、その違いに着目して仕事を与えることが社員エンゲージメント向上の鍵である、という成功法則が通じない世界が広がっているかのようだ。

典型的な例として、強力な営業力を梃子にベンチャーから急拡大を遂げたような会社では、成長、チャレンジといった前のめった合言葉の下で、常により高い目標へのコミットが求められる。営業部門であれば前年比○○%以上の売上目標、本社部門であれば常に新たな施策の展開を上から要求され、社員もそれを喜んで受け入れる。こうした会社の社員全員が、元々強い達成動機の持ち主なのだろうか？　もしくは、入社後に社員の動機を上書きしたとでもいうのだろうか？　本章の最後では、これまで一人ひとりの動機という切り口で考えてきた社員エンゲージメントの高め方が、反証に耐え得る確かなものといえるのか、いくつかの事例研究を通じて考えてみたい。

強力なカルチャーを持つ会社の代表格にあげられるG社では、社員の採用に一つの暗黙的なルールがあったようだ。

「強い向上心を持ちつつも純粋な学生を採用していました。具体的には、地方の有名国立大学の学生を主なターゲットにして採用活動をしていました。地方から東京の会社に就職しようという学生は野心や夢のようなものを持っています。また、東京などの首都圏にある大学の学生と比べて、彼らの耳に入ってくる情報も少ないため、変にすれていない学生が多いのです。自分の固定観念を持っておらず、何でも吸収しようとする強い意欲を持った学生を採用し、あとは全員を営業現場に配属します。そこでは、会社のカルチャーにどっぷりと染まっている先輩や上司との濃厚な時間が待っています。君は何がしたいの？　と常に問われ、自らの意思で高い目標を決めてチャレンジすることが求められます。弱気や言い逃れは一切許してもらえません。ただ、目標を達成した時の称賛も半端ではありません。今では他の会社でもやっているのかもしれませんが、部屋の中でくす玉を割って大々的にお祝いするのです。そうこうしているうちにまた、カルチャーに染まった社員が生まれていきます」

G社は、今では誰もがその名を知る大企業になっている。事業規模と組織規模の拡大に伴い、以前ほどの画一的な新卒採用が難しくなったと同時に、中途入社者も増えたことによって、強力なカルチャーもやや薄れてきているように見える。ただ、現在お会いするG社の社員（特にプロパー社員）の方も、「生煮えでも、とにかくやってみる」「前進こそ正義」といったドライブが十分にかかっており、未だにG社流の風土は根強く息づいているようだ。

もう一つ、ほとんどの社員が皆同じ動機に突き動かされているように思える会社の代表例として、コンサルティング会社があげられる。コンサルティング会社と一口にいっても、一般的な切り口でいうところの戦略系、会計系（あるいは総合系ともいう）、コーン・フェリーが属するような専門特化系など、いくつかの種別がある。その種別によって、もっと細かくいえば会社ごとでビジネスモデルが異なり、よって会社の風土も、そこで働いている人たちにも違いがある。ここで事例として取り扱いたいのは、世間的なコンサルティング会社のイメージに最も近い、戦略系と区分される会社（代表的な会社をあげると、マッキンゼー・アンド・カンパニー社、ボストン・コンサルティング・グループ社など）と、あるいはそれに近しい性質を持った会社だ。得意とするテーマや収益の上げ方には相違点があるものの、こうしたコンサルティング会社には、企業風土や社員の個性に明らかな共通項がある。

まず、社員には成長することが強烈に求められる。成長というのは、取りも直さずプロモーションのこと、昇格を意味する。コンサルティング会社の人事制度は、基本的に能力主義をベースとした職能資格になっているため、能力アップが昇格に直結する。会社によって濃淡はあるが、人事運用の基本思想には有名な“Up or Out（あるいはStay）”が徹底されている。つまり、成長が止まってしまえば居場所がない、という世界ができあがっている。これは社員にとって何よりも強力なメッセージである。

よく知られていることだが、コンサルティング会社はすべてプロジェクト単位で動いている。所属する部署や組織といった概念はなく、通常は五人程度の社員がチームになってプロジェクトを動かしていく。大プロジェクトになると数十人規模のコンサルタントがアサインされるが、その場合でも五人程度のチームが基本単位で、複数のチームがプロジェクトを構成する形となる。プロジェクトの期間中、社員にとってはこのチームがすべてになる。業務上ではチーム外の社員と接触する機会はほとんどない。プロジェクトの中においては、多くの社員にとっての直属上長はプロジェクト・マネジャークラス（呼称は会社によって微妙に違うが）のコンサルタントだ。世間のイメージ通りに、コンサルティング会社の勤務時間は長いといって差し支えない。というよりも、時間で働いているという概念自体が希薄で、求められている水準の成果物を出せるまでは、時間に関係なく働き続けなければならない。そのため、まだ未成熟な社員ほど、上位者が満足する成果物を出すのに多くの時間を費やさねばならず、徹夜が当たり前といった状況にも陥る。

接触するのは同じチームの社員だけで、しかも長時間労働になりがちなため、見方によっては逃げ場のない環境が作られる。閉鎖性の高い職場空間の中で、プロジェクト・マネジャーから「学びは？」「付加価値は何？」など、成果物と自分自身の向上を促す問いが繰り返される。プロジェクト・マネジャーも、上位者から同じプレッシャーを受ける。新卒入社でも中途入社でも、逃げ場のない空間で上位者から向上圧力がかかる構造は変わらず、入社して1年も経てば、似たような行動様式と思考様式を持ったコンサルタントに生まれ変わることになる。

日本でベンチャー企業として出発したG社と、欧米が本社の外資系コンサルティング会社の日本支社、事業も成り立ちもまったく異なる組織体ではあるが、一種独特で強烈な企業風土を持ち、一様に同じ方向へドライブのかかっている社員が揃っている点で共通している。少しデフォルメすると、社員は皆同じ動機に駆り立てられているかのようだ。これは何も偶然なことではない。自覚的なのか無自覚的なのかは置いておいて、G社にもコンサルティング会社にも、人間の心理をコントロールする周到なメカニズムが埋め込まれているのだ。このメカニズムを構成するのは、①採用する人材の共通性、②明確な善悪基準に基づくペナルティー、③閉鎖性の高いコミュニティーの三つの条件である。

①採用する人材の共通性

先に見たように、G社ではメインの採用ターゲットにしている学生層に明らかな共通性があった。コンサルティング会社にも、実は同じことが当てはまる。コンサルティング会社が狙っているのは、東大をはじめとした俗世間的に高学歴といわれる大学の学生である。これは国内外の大学問わずで、海外の一流大学の学生も採用ターゲットになっている。日本でもコンサルティング会社の世間的なイメージがかなり確立されているので、採用に応募してくるのは一流大学の中でも社会人として早く成長したい、厳しい環境で揉まれたいと欲する、向上意欲が高い学生になる。中には、本心からそう希求しているのか疑わしい人もいるが、表向きは上昇志向が高い学生ばかりが揃うことになる。

この事実が意味していることは何だろうか。高学歴とされている大学の学生は、地の頭が良い可能性が高いという実利的な側面がある一方で、物事を学んで吸収する意欲と能力も高い。ここで論じている文脈においては、後者の吸収に対する意欲と能力の方が重要になることを覚えておいていただきたい。もう一つ、向上意欲も欠かせない要素だ。学生の一般イメージとして、コンサルティング会社は優れた人たちが揃っている、自己の成長に向けては良い鍛錬の場だ、との認知ができあがっている。そのため、コンサルティング会社の中で起こっている森羅万象が成長のためには善であり、何事でも進んで吸収しなければならない、といった思考様式が確立されやすい。入社した後にも、あらゆることから学ぶ必要性を懇々と説かれるため、この思考様式が一層強化される。元来持っている吸収する意欲と能力の高さに加えて、すべてが学びといった思考様式が組み合わさると、あまり綺麗な表現ではないが、〝会社の色に染めやすい〟社員ができあがる。

G社の例を振り返ると、コンサルティング会社とは共通性の中身に多少の違いはあるものの、染めやすい学生を狙っていることがおわかりいただけると思う。

②明確な善悪基準に基づくペナルティー

G社とコンサルティング会社、その双方には社員誰しもが逃れられない、解釈の余地が与えられない善と悪の基準が存在している。G社であれば、高い目標への自発的なチャレンジこそが絶対的な善であり、現状維持や及び腰は恥じるべき悪である。コンサルティング会社では、自己の成長と付加価値の追求のみが善であり、それ以外は許容されることがない。双方ともに善悪基準が明らかなことに加えて、悪を悪として取り扱う徹底度合いも半端ではない。簡単にいえば、善の基準を満たせなかった場合、精神的にも物理的にもペナルティーを課される。

精神的なペナルティーとは、社内で白い目で見られる浮いた存在になってしまうことだ。社会において法律を守れない人が排他されるのと同じで、社内における絶対善の基準を満たせない社員は、他の社員からすると忌むべき存在である。下手をすれば村八分の状態に追い込まれてしまい、通常のメンタリティーの持ち主であれば耐え難い苦痛にさらされる。物理的なペナルティーは、金銭的な報酬を十分に享受できないこと、さらには昇進（あるいは昇格）できないことだ。善悪の基準は、当然ながら人事評価や昇格の基準にも織り込まれている。そして、これらの会社は基準を厳守して人事運用を行おうとする意思が相当に固く、他の会社に比べて情実的な運用がなされることが圧倒的に少ない。よって、悪の基準に抵触した社員は昇給することもなく、十分な賞与ももらえず、さらには昇進の道を絶たれてしまう。コンサルティング会社によっては、2〜3年で昇格できなければ退社に追い込まれる。会社員にとって、これ以上のペナルティーはないだろう。

③閉鎖性の高いコミュニティー

最後の条件には、限られた社員との濃密な関係が織りなす空間、閉鎖性の高いコミュニティーがあげられる。G社で見れば営業現場におけるチームがそれに相当し、コンサルティング会社ではプロジェクトそのもの、もしくはその中の1チームがそれにあたる。意図的ではないとはいえ、双方ともに限られた社員との空間の中で、長い時間を過ごすことになる。いわば、職場の人間関係的には他に逃げ場がない、一種の袋小路状態が形成される。そこでは、小さな集団の長たる上位者から善悪基準に則ったプレッシャーが陰に陽にかかってくる。卑近な話をすれば、愚痴をこぼしてガス抜きができる場も時間もないし、自分のチーム以外に、他のチームでは何が起こっているかなど知る由もない。そうなると、コミュニティーから爪はじきにされることを恐れる社員は、否応なく会社が善としている考え方や行動を取るようになる。果ては、あたかもそれが自分の意志であるかのような錯覚を引き起こさせるに至る。

優秀で吸収力が高いスポンジのような人材を採用し、単純にして明快な法律で善悪の基準を彼らに徹底的に浸透させて、法律に抵触して小さな共同体から除外されてしまう恐怖心が人の思考と行動をさらに規定する。これが心理コントロールのメカニズムの本質である。このように書くと、まるでマインドコントロールを仕掛ける罠のごとくに見えるかもしれないが、このメカニズムを悪と断じて批判するものではまったくない。むしろ、G社もコンサルティング会社も、上手くメカニズムを活用して事業を成功させたという点で、一つの成功モデルとして考えることすら可能だ。ただし、社員の心理に大きな揺さぶりをかける操作を行っているのは間違いないため、無理をきたす社員が出てくる事実も見逃してはいけない。

これらの会社は、社員の退職率が他の日本の会社に比べてかなり高い。実際のところ、入社する時点から、最後までこの会社で働こうと思っている社員の方が少なく、一定の年月を頑張ったら違う会社に移るか、自分で独立することも視野に入れている社員の方が多いのではないだろうか。コンサルティング会社では、社員の平均的な在社年数は3～5年程度といわれているくらいだ。ただし、退職する社員が皆一様に、当初の予定通りに十分やりきったために次のキャリアに進む、といった前向きな理由で辞めているかというと、決してそんなことはない。先述のペナルティーを受けて、早々にoutさせられてしまう社員もいる。加えて、どうしても会社に馴染むことができない、心身ともに疲れ切ってしまったなど、元々の本人の意思に反する形で辞めざるを得ない社員も相当数いるのが実態である。G社やコンサルティング会社では、退職することを卒業と呼んでポジティブな印象を与えるようにしているが、過半の会社に比べて、会社に馴染めず辞める、疲弊して辞める社員が確実に多い。

これが例のメカニズムの負の側面である。半ば強制的な形で社員の心理と行動を矯正しているわけなので、人間の心が軋みをあげたとしても何ら不思議はない。これを、マクレランドの欲求理論に照らしながら考えてみたい。動機は人間が生来的に持っているもので、後天的には滅多に変えることができない。これまで論じてきたような会社では、採用の時点で強い向上心や成長意欲を持っている人を選ぼうとしているため、恐らく採用された社員は一定水準の達成動機を持っているのだろうと推察できる。しかし、達成動機の強さの程度、その他の親和動機やパワー動機の有無は社員によって異なる。採用する社員にはある程度の共通性があるにせよ、まったく同じ動機パターンの社員だけを揃えるのは現実的に不可能だ。人間の行動に影響を及ぼす要素として、動機とは似て非なるものに価値観があった。動機は生来的な希求であるのに対し、後天的な経験や学習に基づき「こうすべし」と理性で行動を律するのが価値観だ。G社やコンサルティング会社で見られたメカニズムは、この価値観を強固に作り上げる、もしくは書き換えるものなのだ。チャレンジしなければならない、成長しなければならないと、達成の価値観だけに苛烈に働きかけるのである。

それでも、先天的に達成動機だけが突出して高い社員であれば、大きな問題は起こらないかもしれない。自分の動機と会社が求める価値観の形が符号するからである。しかし、そもそも達成動機がそれほど強くない社員や、親和動機が高い社員などは、動機と価値観の形が符号しない。両者の間に生まれるギャップは、人間の心を蝕む可能性が高い。無理に達成の価値観を押し付けられた社員は、必死で駆け抜けようとしている内に燃え尽きてしまう。いろいろな人との交わりを求める社員は、限られたメンバーだけの檻に閉じ込められ、ひたすらに己と向き合う仕事に嫌気がさし、どうにも気持ちを保てなくなる。我慢できる時間の長さは人によって違うだろうが、動機と価値観のギャップは早晩、社員を退職の道に導いていくのだ。

冒頭から本書を読み進められている方は、あることに気付かれているかもしれない。そうである、G社やコンサルティング会社で見られる心理コントロールのメカニズムは、かつての日本の会社に存在していた、ムラ社会的な共同体に見られた特徴に相通ずるところが多いのだ。昔日の日本の会社における、明確な序列に支えられた秩序、濃密で閉鎖的な集団から排他されることの恐れ、それらはそのまま先述のメカニズムの成立条件に読み替えることができる。ただし、両者は完全に同じものではなく、異なる点が二つほど存在する。その違いの一つは、現在の心理コントロールのメカニズムの方が、善悪の基準がより強烈であり、基準を満たせなかった社員に対するペナルティーも露骨である点だ。

かつての日本の会社では、上位者の指示は神の声の如くに絶対のものであったが、指示に従っている限りにおいては大きな問題は生じなかった。ところが、コンサルティング会社では、社員は自己成長するためのファイティングポーズを常に取り続けなければならず、ガードを下ろした瞬間に強く頭を殴られることになる。気を許すことができない緊張状態が続くのだ。また日本の会社に、仮に反骨精神が旺盛な社員がいて、上位者の指示に頑として従わなかったとして、最悪のケースで左遷されることはあっても、クビにまではならなかっただろう。一方で、G社やコンサルティング会社では、悪の基準に一度でも抵触してしまうと直ぐにダメ社員という烙印が押され、挽回するのは相当に難しい。しかも、本人の意思とは別に会社から〝卒業〟させられてしまうことだってある。

もう一つの違いは、現在では会社から逃げ出そうとすれば逃げ出せる環境がある点だ。一昔前の日本には、転職市場などというものが存在しなかった。会社を辞めることは、そのまま生活を脅かす事態につながった。そのため、会社の中で多少の理不尽に苛まれたとしても、耐え忍んでおいそれと会社を辞めることなどしなかった。今では、ご存じの通り転職が異例ではなく日常茶飯事になっている。しかも、心理コントロールのメカニズムを持っている会社の社員は、大体において転職市場の評価が高い。あんなに厳しい会社に入って頑張ってきたのだから、きっと優秀な人材に違いない、といった見方がなされるのである。そういう環境であれば、会社が嫌になったら我慢し続ける必要もなく、外に目を向けるのが自然の理であろう。

マクレランドの欲求理論に基づいた、社員の動機を満たす仕事の与え方を反検証するために、一通りの事例研究を行ってきた。結論としていえるのは、緻密に仕組まれたメカニズムをもってしても、社員の動機を上書きするのはやはり不可能ということだ。その代わりに、社員の価値観を強引に更新することで、一時的とはいえ社員の思考と行動を皆同じ方向へと矯正はできる。しかし、中には精神的に無理を強いられる社員が必ず存在し、そうした社員は心身ともに擦り減り会社を去っていく。会社が成長を維持しようと思えば、去っていく社員と同数、あるいはそれ以上の数の人材を新たに迎えなければならない。逆説的にいえば、必要とする人材を常に採用できるだけのブランド力が会社になければ、こうしたモノカルチャー的なモデルは成立しない。もし、優秀な人材を引き付ける魅力が会社にあるのであれば、心理コントロールのメカニズムは会社成長のための強力な武器になり得るのである。社員一人ひとりの動機に合った仕事を与えてエンゲージメントを高める路線を選ぶのか、一定のトーンオーバーを是としながら社員を同じ色に染め上げモノカルチャーを維持する路線を選ぶのか。この二者択一は、会社が社員のエンゲージメントを考えていくにあたって最初に下すべき決断であり、その後の展開を大きく左右するとても大事な問いである。

皆さんの会社は、どちらの道を選択するだろうか。

第5章

人と組織の関係を見直して、社員のエンゲージメントを高める方法

5-1 社員エンゲージメントをリーダーシップ論から捉え直す

リーダーシップというものは、常に古くて新しい問題だ。リーダーとマネジャーは異なる存在である、サーバント・リーダーシップこそ時代が求める寵児なのだといったように、時代時代でリーダーシップに関する論評が現れては消えてきた。さまざまな会社で、あるいは各種のメディアでリーダーシップ論に触れる機会が多いが、中には決定的な誤解をしているものもあるように思う。リーダーシップとは、その名前の通りリーダー個人を指すものではない。LeaderにShipがついていることからも、リーダーそのものを意味していないことがわかるだろう。また、リーダーシップの対義語にフォロワーシップというものがある。これも、リーダーに率いられる組織の構成員そのものを指しているわけではない。ではリーダーシップとは何なのかというと、組織や集団を導く者と、導かれる者との間の関係性のことである。その関係性を導く者の側から眺めるとリーダーシップになり、導かれる者の側から眺めればフォロワーシップになる。何故こんなまどろっこしい話をしているかというと、リーダーシップが関係性を意味することを差し置いて、絶対的な良否でもってリーダー個人の資質や力量を論じているケースが目につくからだ。これは大きな間違いである。

本来、リーダーシップはリーダーとフォロワーの関係性なのだから、どんな状況にでも適用できる絶対的に良いリーダーシップの条件などは存在しない。昨今、日本のリーダーにはもっと戦略構想力が必要だ、といった論調がある。そう言われると、どんな組織にも当てはまるようなごもっともな話に聞こえなくもないが、実際にはそうともいい切れない。例えば、何としても事業再生を果たさなければならない会社のリーダーにとって、一番大事な資質は戦略の構想力だろうか。通常、事業再生局面を迎えている会社では、再生の青写真たる計画（よくブループリントといわれる）が描かれている。事業再生期における組織トップの最たるミッションは、この計画に沿って多難な再生の道のりを完遂させることにある。従って、頭を使って大胆な戦略を描く力よりも、困難があっても強いハートで決断を下し、難局の中でも従業員の士気を維持し続けるコミュニケーションの力の方がもっと重要である。良いリーダーシップとは、普遍的なものではあり得ず、極めて状況への依存性が高いものなのだ。

リーダーシップの状況依存性について述べたが、その状況をもう少し噛み砕いてみたい。組織の状況というのは、組織が果たすべき役割と、組織を構成するメンバーの二つの因数に分解が可能だ。会社内の組織であれば、何かしら必ず果たさなければならない役割がある。

多くの日本の会社では組織ミッション、組織分掌といった名目で、各組織が果たすべき役割を明文化している。リーダーたる組織長は、与えられた役割を全うすべく部下を導くことになる。いわば、組織の役割こそが、組織長がリーダーシップを発揮していく上での羅針盤になる。厄介なのは、社内における各組織の役割は、その時々で変わっていくことだ。

その顕著な例として人事部門が挙げられる。少し前までであれば、人事部門は社員の労務管理や人事実務を慰労なく取り進めていくのが経営から期待される役割であった。しかし、日本の会社を取り巻く競争環境が変わり、人事部門にはもっと積極的な経営関与が求められるようになっている。事業戦略を実現するための人材育成や人材配置、次世代の経営人材の発掘といったように、単なる人事実務を超えた会社の成長に直結する役割が期待されている。人事実務の遂行を担う組織と、より戦略的な人材のマネジメントを行う組織では、組織の率い方が大きく異なることは容易にご想像いただけると思う。

もう一つの因数、組織を構成するメンバーが、組織長が採るべきリーダーシップに影響してくる点について考えたい。物事を敢えて単純化すると、熟練のベテランばかりが揃っている組織と、ほぼ新卒に毛が生えたようなスキル的に未成熟な若手ばかりの組織では、組織のトップがなすべきことが変わってくるだろう。ベテランの部下に対しては、気持ち良く仕事に取り組んでもらえるように腐心するだろうし、部下が若手ばかりの場合には、自らが育成に多くの時間を割かなければ仕事が回らなくなる。あるいは、やる気に目を輝かせている部下が勢揃いしている組織と、どうにも士気が上がらずにやらされ感が満載の部下しかいない組織では、組織長の発破のかけ方も大いに違うはずだ。実際には、組織にはもっと多種多様な部下がいて、こんなに単純な構図にはなっていない。それだけに、リーダーシップの取り方はより複雑なものになる。

社員のエンゲージメントについて取り扱う本書において、わざわざリーダーシップ論を展開してきたのは、リーダーシップが組織を導く者と導かれる者の関係性、会社においては組織長と部下の関係性を意味するものだからだ。しかも、リーダーシップが有する状況依存性の中で、組織の構成員、つまり部下によって効果的なリーダーシップの発揮方法が変わるという点が、社員エンゲージメントの本質と大いに繋がっている。そもそも社員エンゲージメント自体が、会社とそこで働く社員の双方向的な関係を問うたものである。社員をもっと幸せにするためにその関係性を見直す作業は、会社内のリーダーシップを再検討することとほぼ同義になる。社内の各組織でリーダーシップを発揮すべき中間管理職には、先に論じた仕事の与え方以外にも、部下のエンゲージメントを高めるためにできることがまだ残されている。

図表28 リーダーシップ・スタイルの類型

指示命令型	細かい指示命令に基づき、組織や人を動かすスタイル
ビジョン型	ビジョンを示し、目的意識を共有し、組織のベクトルを合わせるスタイル
関係重視型	人と人とのつながりや調和を重視するスタイル
民主型	メンバーを意思決定に参画させ、コミットメントを高めるスタイル
率先型	自ら率先して行動し、組織を引っ張るスタイル
育成型	メンバーの指導育成やコーチングに注力するスタイル

繰り返しになるが、リーダーシップは状況依存の性格を持っている。もっと平たくいえば、状況に応じて発揮すべきリーダーシップの内容は異なる。この性質を社員エンゲージメントの文脈から捉え直してみると、部下の士気を高揚させるためには、組織長は部下によって取るべきリーダーシップを考えなければならない。そのことを子細に検討していく上で、第3章でも少し紹介したリーダーシップ・スタイルのコンセプトを用いるのが有効だ。リーダーシップ・スタイルとは、組織のリーダーが部下を導く際のスタイルを、六つの類型に整理したものである。この類型は、リーダーシップの型といっても良い。これから六つのスタイル類型を一つひとつご紹介したい。

①指示命令型（Coercive）

指示命令型は、細かい業務指示を出して、進捗を逐一チェックするスタイルだ。指示は一方的なもので、部下には即座に従うことを要求する。指示についての背景説明はほとんどなく、「いいから直ぐにやれ」と、強制的な命令として発動される。このスタイルは、直ぐに行動しないと大やけどを負うような火事場的な危機状態においては有効である。部下には考える暇を与えずに、即座の行動を促すことが必要だからだ。また、部下に仕事に関する知識や技術が不足している場合にも、一定程度の指示命令型が必要となる。もちろん、部下の育成も同時に行わなければならないが、部下が育つのを待てるほど悠長な状況ばかりでもない。そういう時には、部下に細かな業務指示を出して、指示通りに動かしていく以外に方法はない。

②ビジョン型（Authoritative）

このスタイルは、その名の通り組織のビジョンを示して部下を導くリーダーシップの型である。先の指示命令型との対比で見るとわかりやすい。指示命令型が目の前の業務に対するコミュニケーションにとどまるのに対して、ビジョン型はもっと大きな視点、より長い目線から見た組織の方向性などを部下に伝えていく。部下へ仕事を与える際、指示命令型は仕事の進め方と期限だけを一方的に伝えて終わるのに対して、ビジョン型は部下との対話を通じながら、与える仕事の重要性や背景についてまで理解させようとする。指示命令型が「いつまでに、どのようにやるか」を徹底するスタイルだとすれば、ビジョン型は「なぜそれが必要か、どうして大事なのか」を浸透させるスタイルといえる。

③関係重視型（Affiliative）

仕事よりも人、業績よりも組織の調和、これが関係重視型だ。上司と部下、また部下間での人間関係を最重視する。部下本人の具合や家族の調子を気にかけるなど、情緒的なつながりを大事にしたコミュニケーションを行う。また、部下の考えや心情に耳を傾けようと常に心がけるのも特徴である。関係重視型は、組織の調和がものをいう状況において有効だ。急激な改革などによって組織に動揺が走っている局面では、部下の気持ちに平穏をもたらすことのスタイルが活きてくる。しかし、通常の会社組織においては、関係重視型だけで部下を率いるのは不可能である。部下の居心地は良いものの、一向に業績が上がらない緩い組織になってしまうからだ。

④民主型（Democratic）

部下の参画意識を向上させようとすると、民主型のスタイルは極めて有効である。組織の意思決定のプロセスに部下を参画させ、部下のアイデアを取り込むのがこの型の特徴だ。自分の意見を求められ、そしてそれが組織の決定として採用されれば、普通の社員であれば意気に感じるものだ。民主型は、部下の話をよく聞いて、否定的な発言は控え、積極的な議論を促進しようと心がけるのが特徴だ。こう書くと、民主型は万能なリーダーシップの型に見えるが、あらゆる場面で望ましいスタイルだともいい切れない。合議の時間が取れないほどの逼迫している状況で、民主型を発揮していては悲劇的な結果を招きかねない。また、部下の経験や能力が不足している場合に、部下のアイデアを大事な意思決定に反映させるのはリスクでしかない。

⑤率先型（Pacesetting）

リーダーたるもの率先垂範を旨とすべし。こうした一種の精神論を至るところで耳にする。特に、日本の会社では率先という言葉が好まれる節がある。確かに、リーダーであれば部下に模範を示すべきだという論を決して否定はできないが、もう少し踏み込んで考える必要があろう。率先型とは、自分自身がリーダーとして高い基準を持ち、その基準を自ら体現して部下に示すことである。部下には模範を示すことで、自らの背中を見せることで、その基準の達成を期待するのだ。付け加えると、自らやってみせること以上のことは何もしないのも、このスタイルの特徴だ。部下に権限を委譲して仕事をやりやすくする、やり方を細かく指導する、といったケアはまったく行わない。悪い言い方をすれば、自分で率先して仕事を行うことで基準を見せて、後は部下に期待するのみである。そして、自分が求めている達成基準を部下が満たせなかった場合には、部下から仕事を取り上げてしまうドライな側面も併せ持っている。部下からの信望が厚い組織長であれば、もしかすると率先型だけでも組織を運営することができるかもしれない。部下は何としてでも上司の期待に応えようと歯を食いしばって頑張るからだ。ところが、月並みな信望しか得られていない組織長の場合、率先型だけで部下を導こうとすると、組織長自らがあらゆる仕事を抱え込んで悪戦苦闘し、部下は放置状態で無為に時を過ごしている、なんてことにもなりかねない。

⑥育成型（Coaching）

部下の育成こそが本懐、それが育成型である。多少時間がかかるとしても、部下の可能性を信じてあらゆる育成を行おうとする。短期的な育成指導だけでなく、部下の長期的なキャリア目標の達成に向けた支援を惜しまないのが、育成型の特徴である。育成型を発揮しているリーダーには、役割認識から「そうすべき」と思って意識的に育成に取り組んでいる人よりも、素直に人の成長を喜べる人の方が多いようだ。通常、多くの時間を割かなければ人の育成などはできない。組織長には、部下の育成以外にもやるべきことがいつも山積みである。責任感から育成型を発揮しようとしている人は、どこかでボロが出てしまう。部下との対話に十分な時間を確保しない、部下の成長の話をしているはずなのに、いつの間にか業績の話題にズレていく、こんなことがあると部下の心は冷めてしまう。本人は育成をしているつもりになっていても、部下は育てられているとは受け止めない。よく見る光景である。

リーダーシップの六つのスタイルを見てきたが、リーダーはいずれか一つのスタイルのみしか発揮できないわけではない。また、発揮しているか、発揮してないか、といったゼロサムの世界でもない。組織の上に立つ人であれば、多かれ少なかれ六つのスタイルを使っている。ただし、頻繁に使うスタイルもあれば、ほとんど使わないスタイルもある。要するに得手不得手の問題なのだ。中には、率先型ばかりを発揮して、他の五つの型をほとんど使っていない組織長もいれば、六つのスタイルを満遍なく発揮している組織長もいる。一つひとつのリーダーシップ・スタイルを取り上げると、いついかなる時にでも万能な型などは存在しない。状況によって効果的なスタイルが異なるのは、いくつかの例をあげて述べた通りである。

その意味で、リーダーシップ・スタイルはゴルフクラブに例えることができる。ゴルフクラブにも幾多の種類があり、状況に応じて使う種類を変えてプレーする。フェアウェイであればウッド、バンカーであればサンドウェッジ、グリーンならパターといった具合に、周囲の状況に応じて最も適したクラブを選ぶことになる。もしもウッドしか使えない、パターを持っていないなんてことがあれば、対応できる状況が極度に限定されてしまい勝負にならないだろう。ゴルフで相手に勝とうと思ったら、やはり一通りのゴルフクラブを揃え、いつでも使えるようにしておかねばならない。リーダーシップ・スタイルにも同じことがいえる。組織の状況は、常に移ろいゆくものである。会社の要請によって組織の役割は変わり得るし、人事異動によって部下も入れ替わっていく。これらの変化に柔軟に対応するために、組織長はできるだけ多くのリーダーシップ・スタイルを使えるようになっておくのが賢明だ。仮にビジョン型は苦手だからと放置しておいたりすると、今は何事もなく組織が動いていたとしても、後々大きな問題が起こることだって十分にあり得るのだ。

ここでは最後に、リーダーシップと動機を組み合わせて話をしたい。今一度、マクレランドの欲求理論を思い出していただきたい。仕事に強く関係する人間の動機には、達成動機、親和動機、パワー動機の3種類があった。人によって、それぞれの動機の強弱は異なり、社員のエンゲージメントを高める上では、その強弱に合わせて仕事を付与するのが極めて重要であった。ただし、仕事の付与以外にも、リーダーシップの取り方を工夫すれば、部下の動機に働きかけることが可能である。それぞれの動機に効くリーダーシップのスタイルがわかっているからだ。

(1)達成動機が高い部下に対して

強い達成動機を持った部下にはいくつかの種別がある。自己の成長目標を追求しようとする者、与えられた目標の達成に全力を尽くそうとする者、困難な課題に自ら挑もうとする者もいる。こうした部下に対しては、達成すべき基準を明確な形で示して、逐一フィードバックすることが大事である。とはいえ、部下の達成の動機が向いているベクトルによって、効果的なリーダーシップ・スタイルもやや異なってくる。もしも、自己成長の目標に向けてドライブがかかる部下であれば、その部下には育成型で接するのが一番良い。部下と一緒に話し合いながらキャリア目標を決めて、折々で育成を意図したフィードバックをしていくことで、その部下の気持ちは満たされたものになる。

部下の動機が仕事の目標達成、難しい課題への挑戦へと向いているのであれば、実は指示命令型や率先型が有効だ。こうした部下には、明確で難易度が高めの目標や課題を設定することが出発点になる。指示命令型と率先型ともに、部下に高めの達成基準を求めるスタイルである。それに加えて、指示命令型では仕事の進捗を管理しようとモニタリングを徹底し、部下に不足があれば当然のことながら指摘をする。普通は部下から敬遠されそうなこれらのスタイルも、達成動機が強い部下にとっては、さらなるドライブをかける起爆剤のような効果を持っている。もちろん、いき過ぎた指示命令、細かすぎる進捗管理は部下の気持ちを擦り減らしてしまうため、良いあんばいを意識してこのスタイルを使っていかねばならないのだが…。

(2) 親和動機が高い部下に対して

親和の動機が強い部下には、関係重視型を用いるのが得策だ。人と人との情緒的なつながりを大事にするリーダーシップのスタイルは、親和を希求する部下の気持ちへ確実に響く。人間的な心の交流がある職場は、親和動機の強い部下にとって極めて快適な環境になる。それは間違いないのだが、関係重視型を使う際には留意しなければいけないことがある。

第3章でもごく簡単に触れたが、コーン・フェリーは組織風土を診断する方法論を持っている。この場合の組織というのは、会社全体を指すのではなく、部や課、あるいはグループなどの、社内の各部署のことを指している。この組織風土は、組織長のリーダーシップによって形成されることがコーン・フェリーの研究からわかっている。より正確を期すと、組織のトップが発揮するリーダーシップ・スタイルが、その組織の風土に70％の影響を与えているのだ。30％程度はそれ以外の要因に左右されるものの、組織長がどんなリーダーシップ・スタイルを使うか次第で組織風土は変わってくるといって過言ではない。日本の会社で組織風土診断を行うと、たまに見られる風土の形がある。「ぬるま湯組織」と呼んでいるのだが、メンバー間の人間関係は良好で、メンバーに対する組織長の配慮や認知が行き届いている組織のことだ。その反面で、組織が向かうべきビジョンは明確に示されておらず、メンバーが達成すべき目標も曖昧模糊《あいまいもこ》としており、おまけに業績を向上させようとする雰囲気もない。要するに、皆和気あいあいと仲が良いが、自組織のミッションを果たすべく各自が目標意識を持って取り組むことは決してない、かなりぬるい組織である。

組織風土診断では現状の風土を可視化するのに加えて、組織のメンバーの期待値、つまりは望んでいる風土についても調査する。現状と期待の差分を明らかにし、組織風土の改善につなげることが目的だ。ぬるま湯組織においては、メンバーが期待する風土について二通りのパターンがある。現状も期待も変わらない、これが一つめのパターンだ。親和動機の高いメンバーばかりが揃っていると、現状のぬるま湯組織こそが彼らの理想郷になっていて、それ以上に望むことがあまりないのである。しかし、どちらかといえばこれはレアケースで、大半は現状と期待の間に乖離が存在する。もう一つのパターンでは、メンバー間の人間関係が良い点はこのまま維持するとして、もっと組織の方向性を示して欲しい、各自に明確な目標を割り振ってもっと発破をかけて欲しいと、メンバーの心の声が期待値という形で表れる。それはそうだろう。親和動機が高いメンバーばかりという方が可能性としては低く、達成動機やパワー動機の高いメンバーが混じっているのが通常なのだから。

もうおわかりだと思うが、関係重視型ばかりを使用している組織長の下では、ぬるま湯の風土ができあがってしまう。そうすると、仲は良いものの業績が上がらない、大学のサークルのノリに近い部署として外から白い目が向けられるだろう。親和動機が強い部下には関係重視型を用いる、それは正しいのではあるが、他のリーダーシップ・スタイルも使えるようにしておかないと、こんなリスクが想定されるのだ。

(3)パワー動機が高い部下に対して

ソーシャライズド・パワーであれパーソナライズド・パワーであれ、パワー動機が高い部下を動機付けるには、とにかく認めてあげることだ。彼らの考えを尊重し、できるだけ採り上げることができれば、自分の影響力が行使できたという実感が芽生えて、彼らは言い知れぬ満足感に包まれるのである。すなわち、パワー動機の強い部下には民主型が効果てきめんだ。会社の中には、困りごとを相談されるのが好きな社員が必ずいる。他者から悩み事を打ち明けられ、アドバイスを求められると心の底では嬉しくて仕方がない。それは、自分の価値を相手が認めている証拠であると同時に、もし相手がアドバイスを受け入れると、自分の考えを相手が承認したことを意味するからである。民主型にもこれに近い効用がある。上位者である組織長から意見を求められ、そして時には自分の意見が大事な意思決定に活かされることで、自己の価値を強く認識できるのだ。

民主型だけでなく、ビジョン型もパワー動機が高い部下に対して効き目がある。社会的意義を求めるソーシャライズド・パワーの方が強い部下には、ビジョン型の発揮が絶対必須といっても良い。彼らは世の中にインパクトを与えたいという自分なりの夢や大望を持っている。誰も考えたことがないような新商品を世に生み出すことだったり、周囲の人々がより良い職業人生を歩めるようにサポートをすることだったりと、夢のレベル感や内容はまちまちだろうが、彼らは実現したいアジェンダを胸の内にしまっているのだ。放っておくと、そのアジェンダは今の仕事とは結び付かないものかもしれない。それではあまりにもったいない。組織長は、彼らの夢を組織が目指すべきビジョンと関連付けることで、ソーシャライズド・パワーを上手く刺激することができる可能性がある。あまりにかけ離れた大望を持っている部下の場合は容易でないだろうが、組織のビジョンという大枠の中に部下の夢を自然に位置付けることができれば、彼らのモチベーションが自ずと高まるのは間違いない。「この組織の中で、あなたの夢を実現することができるよ」と語ってあげれば良いのだ。

社員の動機に合わせて、発揮するリーダーシップのスタイルを選択する必要性がおわかりいただけただろうか。理解がしやすいように、動機の種別ごとに効果的なリーダーシップ・スタイルを対応させて論じてきたが、実際には組織の中に達成動機が強い部下もいれば、パワー動機が高い部下もいて、三つの動機が混在している。そのため、組織長は何か一つのリーダーシップ・スタイルだけが使えれば良いというわけではなく、部下全員のエンゲージメントを高めようとすると、すべてのスタイルを使いこなせるのが理想的である。元よりリーダーシップ・スタイル論が目指しているのは、組織の状況変化へいかようにでも対応できるように、すべての型を発揮できるようになることだ。そのあるべき姿は、社員エンゲージメント向上の切り口から見ても変わることはない。リーダーシップを抽象的な議論でとどめてしまうのではなく、組織長が部下を導く型として煎じ詰めて論じることで、中間管理職が社員の意欲を引き出すために起こすべき具体的なアクションが明らかになる。規模の大小に関わらず組織の長である中間管理職は、一つでも多くのリーダーシップ・スタイルを獲得しなければならないのだ。

5-2 現場のリーダーシップを見つめ直して、社員の意欲を喚起する

現場において組織長とメンバーの関係性を見直すことで、メンバーのエンゲージメントを高めることができる。リーダーシップの視点からいえば、組織長のリーダーシップのスタイルを再考すれば、今よりもメンバーの意欲を喚起することが可能だ。このことを如実に物語る実例がある。最もわかりやすい実例として、日本人であれば誰でも知っている、外食産業大手のH社における取り組みを紹介したい。H社では、これまでに大きな成功を収めた国内外食事業を見直す時期に来ており、新たな店舗業態を模索している最中であった。外食産業の成功要因はいくつかあるが、店舗の生産性が一つの大きな鍵を握っており、店舗責任者である店長の力量が非常に重要だ。店長の力量いかんで、店舗の業績が決まってくる業態なのである。そこで、新業態を軌道に乗せるために、H社では有能な店長を多く生み出すことを優先課題としていた。それでは、有能な店長とは一体どんなリーダーシップを発揮している人物なのだろうか。反対からいえば、店舗の業績を良くするために、店長は如何なるリーダーシップを取るべきなのだろうか。この問いに答えるために、H社とコーン・フェリーは協

働して、日本全国の約100店舗を対象に調査分析を行った。

調査の結果を見ていく前に、店舗の業績について少し整理をしたい。先ほど、外食産業の成功要因はいくつか存在していると書いた。店舗の生産性以外にも、提供する商品の競争力、プロモーションの巧拙など、さまざまな要因が思い浮かぶ。しかし、大きく俯瞰的に捉えるならば、「本部の力」と「店長の力」に大別することができる。本部には出退店戦略の企画にはじまりPR戦略の策定、魅力的な商品の開発といった具合に、全体としての勝ち筋を描く使命がある。そして、これらの巧拙によって、当たり前のことながら店舗の業績は大きく左右される。ただ、こうした「本部の力」だけで店舗の業績がすべて決まるわけではない。「店長の力」でもって、店舗の生産性をひたすらに高めていくことも必要だ。H社の主題は、有能な店長をより多く作り出すことにある。そうすると今回は、「本部の力」で決まってしまう業績因子を外して、「店長の力」が決め手になる業績因子だけに絞りをかけて考えていくべきだ。具体的には、「店長の力」が大きく影響を及ぼす因子には、従業員の定着率と顧客満足度の二つがある。

約100店舗を対象に実施した調査の目的は、従業員の定着率、顧客満足度が高い店舗では、店長がどんなリーダーシップを発揮しているのかを明らかにすることだった。それを明らかにできれば、H社が欲している店長の姿を具体的な形として定義づけ、有能な店長の再生産が可能になるからだ。この調査では、対象店舗の店長にリーダーシップ・スタイル診断、組織風土診断を行い、従業員定着率と顧客満足度との相関を分析した。こうした調査設計の背景には、次のような仮説がある。店長がより多くのリーダーシップ・スタイルを発揮していれば、店舗の雰囲気が良くなり、その結果として従業員のエンゲージメントが上がって定着率が高くなる。また、従業員の士気が高い店舗では、顧客の満足度も高いに違いない。そんな仮説である。

前置きはここまでにして、調査の結果を眺めていきたい。この調査では、リーダーシップ・スタイル診断と組織風土診断を用いた。リーダーシップ・スタイル診断の方は、これまでにその詳細を述べてきたが、組織風土診断は未だ十分な解説をしていなかったため、改めてその内容を記したい。組織風土とは、組織の長が創り出している職場の環境や雰囲気を意味しており、いくつかの評価軸で測定するものだ。その評価軸は**「柔軟性」「責任」「基準」「評価・処遇」「方向の明確性」「チーム・コミットメント」**の六つである。

各軸の中身は図表29を参照されたいが、そのいずれもがメンバーが感じる組織の雰囲気を表したものだ。六つすべての評価軸が高い水準にある方が、望ましい風土になっているとい

図表29　組織風土の評価軸

柔軟性	不必要なルール／手続き／業務などがなく、新しいアイデアが受け入れられる度合い
責任	部下に権限や裁量が与えられており、当事者意識を持てている度合い
基準	チャレンジングな目標が組織や個人に対して設定されている度合い
評価・処遇	創出した成果に応じて、公正な評価や処遇が行われている度合い
方向の明確性	組織の向かうべき方向性が明確になっており、個々のメンバーが期待されていることを理解している度合い
チーム・コミットメント	メンバーがその組織に所属していることに誇りを持ち、一体感が醸成されている度合い

える。そして、余程のことがない限りは、組織風土が良ければメンバーの士気も高いものになる。各評価軸の内容を見れば、すべてが高い状態にあればメンバーのやる気も喚起されるだろうと想像がつくはずだ。

まずは図表30をご覧いただきたい。

このグラフは、店長が上手く使いこなせているリーダーシップ・スタイルの本数と、組織風土の高低との関係を分析した結果だ。縦軸は組織風土の6評価軸の平均スコア、横軸は店長が一定の水準以上で発揮しているリーダーシップ・スタイルの本数を示している。グラフを見ると明らかなように、基本的には、店長のリーダーシップ・スタイルの本数が増えるに従って、組織風土のスコアも高くなっている（0本と1本で組織風土スコアが逆転しているが、

図表30　リーダーシップスタイルの本数と組織風土スコアとの関係

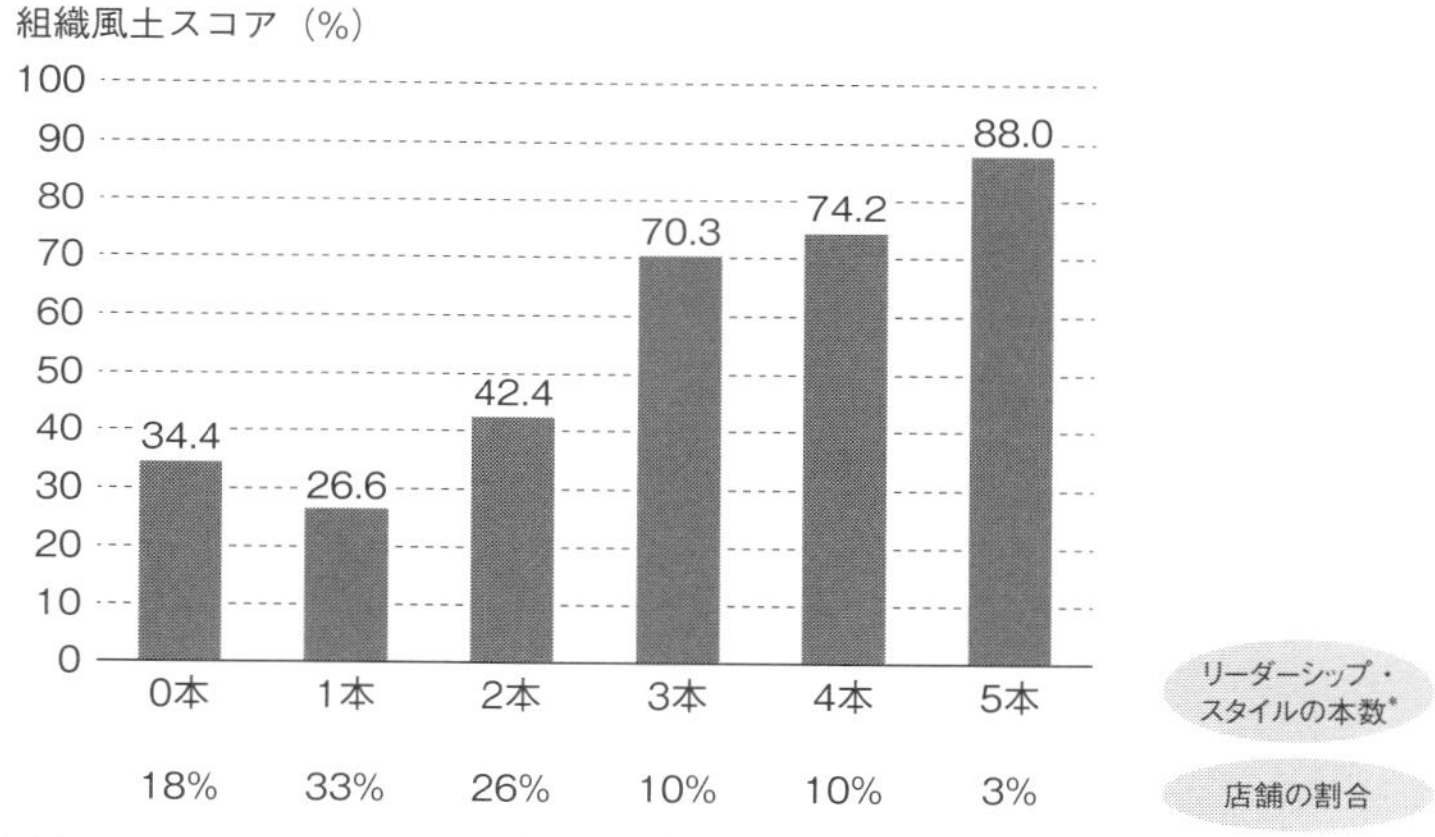

出所：コーン・フェリー　リーダーシップスタイル／組織風土調査結果
＊店長が一定の水準以上で発揮しているリーダーシップ・スタイルの本数

これはサンプルによる異常値と見て良いだろう）。また、多くのスタイルを使いこなせる店長は、そんなにいないこともわかる。これは、なるほどと腑に落ちる結果だ。コーン・フェリーの調査研究から、組織長のリーダーシップ・スタイルは組織風土に70%の影響を及ぼすことがわかっているが、H社においてもそれが裏付けられた格好だ。

次に、図表31をご覧いただこう。

組織風土の高低と従業員の定着率、裏を返せば離職率の相関を分析している。縦軸の離職に関する指数は、離職率の全店舗平均を100とした指数である。当たり前ながら、この指数の数値が低い方が、離職率

図表31 **組織風土スコアと離職率の関係**

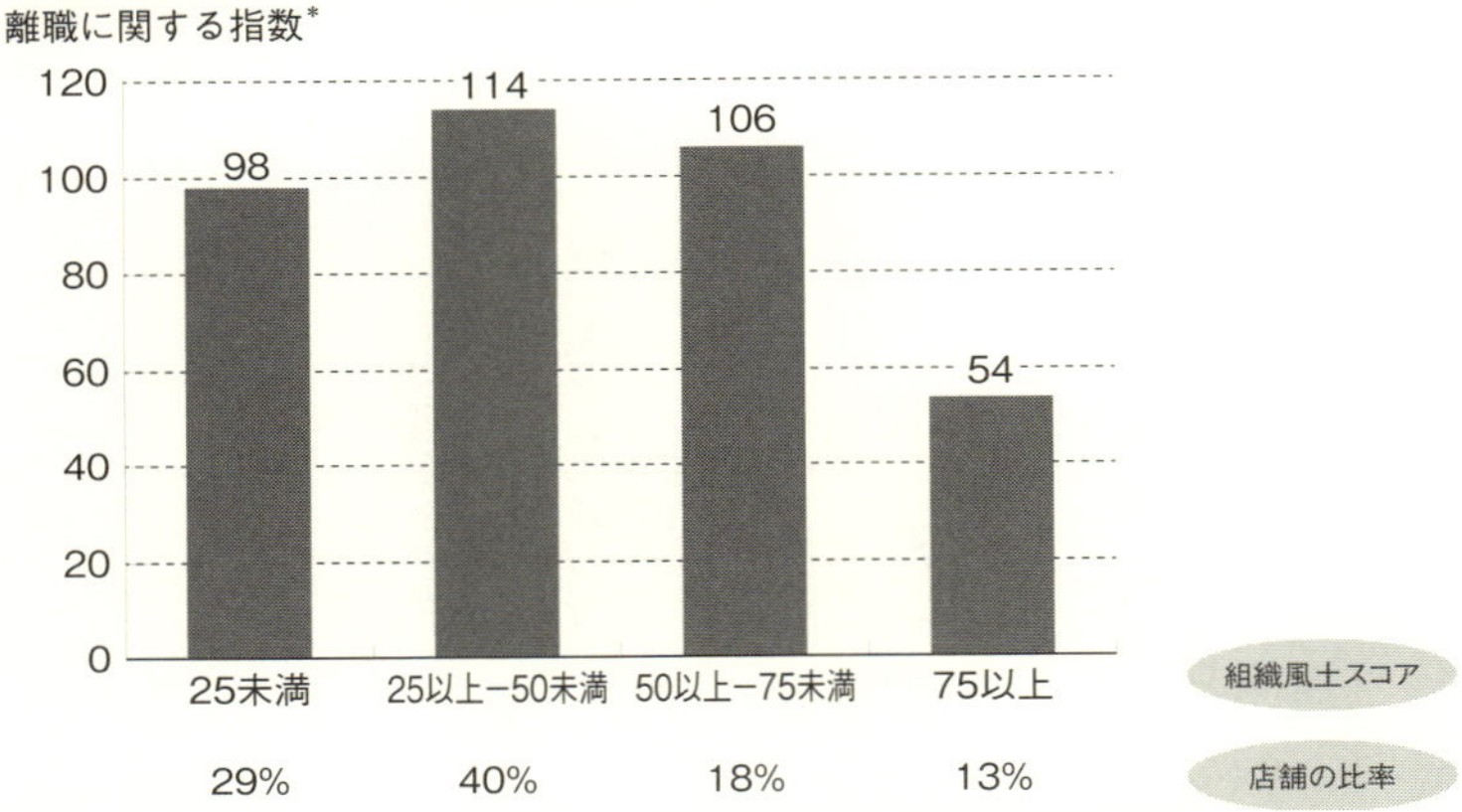

出所：コーン・フェリー　リーダーシップ・スタイル／組織風土調査結果
＊離職率に関する指標は、全店舗の平均離職率を100として算出した値

は低いということだ（反対から見れば定着率が高いともいえる）。例えば、横軸の組織風土スコアが25以上50未満の店舗における離職率は、全店舗の平均と比べて14％高いことを意味している。グラフを見ると、組織風土のスコアが高くなるほどに、明確に離職率が下がっている。組織風土の平均スコアが75を超える店舗と、75未満の店舗を比べると、離職率には驚くほどの差があることがわかるだろう。

外食産業は、とりわけ従業員の出入りが激しいことで有名である。ほぼ肉体労働に近いことに加えて、手順やら何やらが厳格に定められており、相当にこの業態が好きな人でない限り、会社が何もしなければ従業員が疲弊しやすい環境にある。おまけに、

図表32　顧客満足度と組織風土スコアの関係

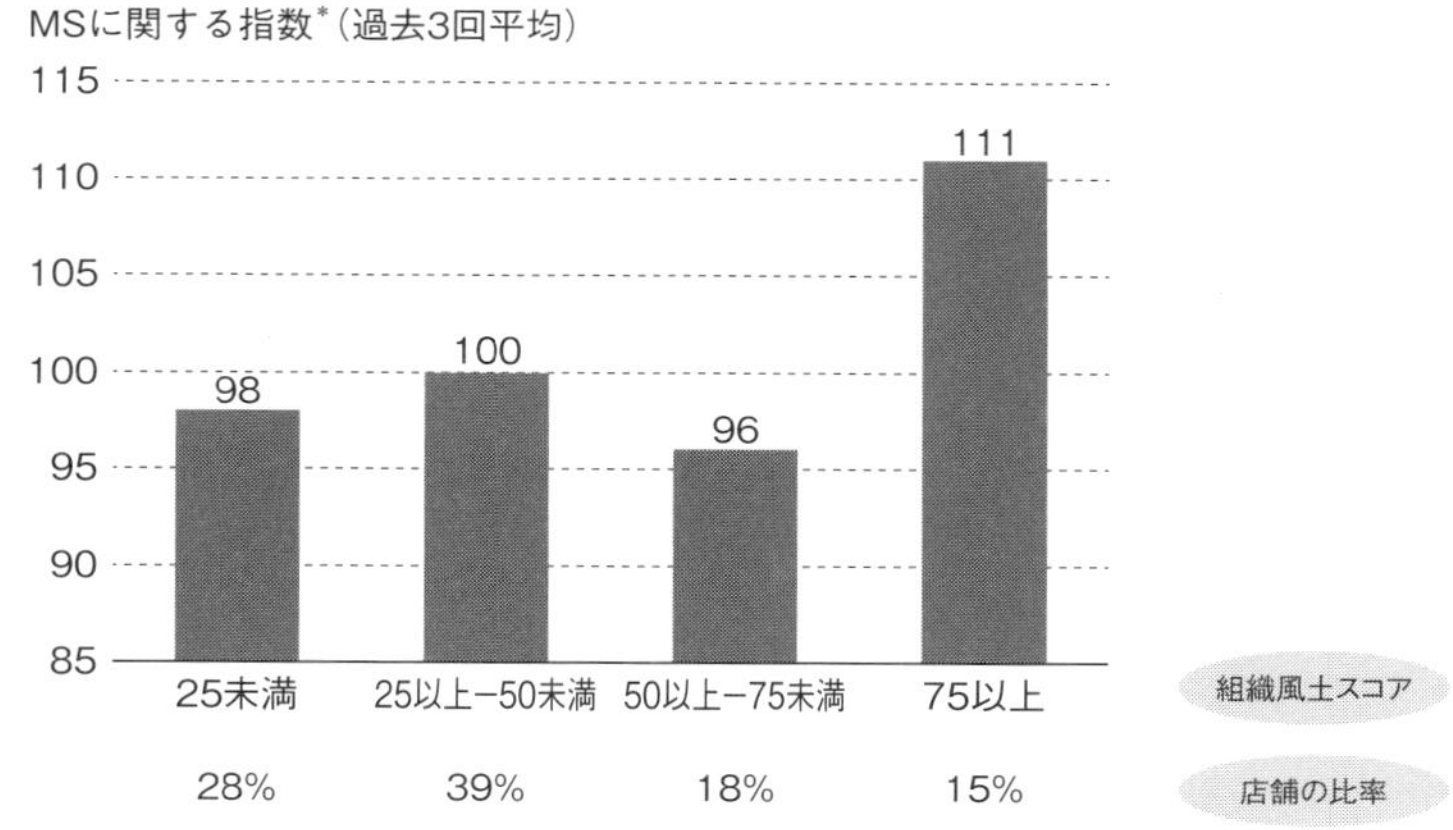

出所：コーン・フェリー　リーダーシップ・スタイル／組織風土調査結果
＊ミステリー・ショッパー調査の点数

重労働の割には給料がそれ程良いともいえない。そんな環境の中で、従業員の定着率を高めようとすると、彼らのやる気や熱意に灯をともさない限りは無理である。正に社員のエンゲージメントが定着率に直接的に結びついているのだ。そう考えると、H社においては組織風土を介して、店長のリーダーシップと従業員のエンゲージメントには確かな相関があると見て良い。

最後に、もう一つの店舗業績の因子である顧客満足度と組織風土の相関を見てみたい。

このグラフでは、縦軸に顧客満足度を示すミステリー・ショッパーに関する指数を持ってきている。ご存じの方も多いと思うが、ミステリー・ショッパーとは、接客業において顧客満足度を測るための覆面調査のことである。調査官が他の利用者と区別がつかないように装い、店舗を実際に利用して接客状況についての点数付けを行うものだ。調査される側は、いつ調査に入られたのか謎という意味で、ミステリー・ショッパー調査と名付けられている。縦軸の指数は、このミステリー・ショッパー調査の点数について、過去3年分の全店舗平均点を100としたものだ。図表32からは、組織風土が高い店舗では、このミステリー・ショッパー調査の点数も良好で、顧客満足の度合が高いことがわかる。組織風土の平均スコアが75を超える店舗は、ミステリー・ショッパー調査の点数も図抜けて高い。一つ前の離職率に関する分析結果と併せ見ると、従業員のエンゲージメントが高い店舗では、従業員が活き活きと顧客に接して高い満足を得ているといえるだろう。

今回の調査を通じて、元々持っていた仮説は立証された。やはり、店長のリーダーシップが従業員のモチベーションを喚起し、ひいては良質な顧客サービスにつながっていたのだ。仮説は正しかったとして、次に気になるのは、結果が良かった店長はどんなリーダーシップ・スタイルを発揮しているのかである。それがわかれば、H社がこれから再生産していくべき店長の具体像が明確になる。この点を検証するために、組織風土の平均スコアが80以上であった6店舗について、その店長のリーダーシップ・スタイルを取り上げたのが図表33だ。

図表33　組織風土スコアが高い店長のリーダーシップ・スタイル

店長	リーダーシップ・スタイル						頻繁に使用している本数の合計
	指示命令型	ビジョン型	関係重視型	民主型	率先型	育成型	
Aさん	52	70	94	51	13	92	3本
Bさん	85	82	98	89	4	91	5本
Cさん	4	89	94	97	58	27	3本
Dさん	45	80	89	90	51	87	4本
Eさん	59	87	96	95	63	84	4本
Fさん	84	83	75	72	31	79	5本

出所：コーン・フェリー　リーダーシップ・スタイル／組織風土調査結果
＊リーダーシップ・スタイルの発揮度が70を超えているスタイルに色掛けをした

一つの目安として、発揮度が70を超えているスタイル、つまり頻繁に使用しているスタイルに色を掛けている。これを見ると、6人の店長は3本以上のスタイルを使いこなせていることがわかる。中には、5本のスタイルを状況に応じて使い分けている店長までいる。6人に共通しているビジョン型と関係重視型のスタイルは必携というべきもので、民主型と育成型も兼ね備えておいた方が良いもの、と理解するのが妥当だろう。これはこれで納得感のある話ではないだろうか。

店舗の従業員は一度仕事についたら、店という狭い空間の中で限られた面々と共に時を過ごすことになる。そこでの人間関係がギスギスしていたら、極めて居心地の悪い職場が出来上がってしまうだろう。店長は、従業員の間の人間関係に十分に配慮しなければならない。また、基本的には、従業員は毎日同じ仕事に向かい、同じ手順で取り組むことが求められる。店舗のオペレーションは、極めて平準化されているからだ。代わり映えのしない日々が続けば、普通の人間であれば徐々に飽きがきてしまう。そこで店長は、従業員の仕事に意味を与えて、飽きることなく没頭できるような夢を語り続けなければいけない。本能的になのか、経験則的になのかはわからないが、優れた店長はそうしたリーダーシップを発揮しているのである。

店舗の業績を高められる店長の具体像が見えたら、後はどうやってその数を増やしていくかだ。H社では、理想的な店長像をリーダーシップの型によって定義し、育成のみならず登用や採用にも活かしていこうとしている。育成に関しては、現職の店長がより多くのリーダーシップ・スタイルを体得できるように、優れた店長が取っている行動をスタイルごとに整理し、模倣可能な形に落とし込んで横展開を試みている。加えて、将来的に望ましいリーダーシップ・スタイルが発揮できそうなポテンシャルを有する人材を見極めるために、科学的なアセスメントの基準も開発しようとしている。その基準が完成した暁には、店長への登用、社外からの人材採用へと活用する計画である。H社でこの取り組みが成就し、現場における社員エンゲージメント向上の成功事例となることを期待したい。

5-3 日本の会社が、社員エンゲージメントのコンセプトを自分のものとするために

日本でも、社員エンゲージメントに対する関心は確実に高まってきている。

書店に行くと、タイトルに直接的には明記されていないものも含めて、社員エンゲージメントや社員の幸せについて書かれた書籍を数多く目にするようになった。コーン・フェリーでもエンゲージメントに関する問い合わせが年々増えてきており、実際に社員エンゲージメント調査を実施し、その後の打ち手を作りこんでいくプロジェクトを多数実施している。しかも、ここ2~3年の傾向として、以前は社員エンゲージメントなどには興味を示さなかったような、伝統的な日本の大企業に対する支援が圧倒的に多くなっている。今後もその傾向はしばらく変わらないだろう。

かつてのような活力を失いつつある日本の会社が、社員エンゲージメントに興味なり関心を持つのは、とても意義あることだと思う。今のままではまずいのではないだろうか、という問題意識がすべての出発点になっているのだろう。関心を持つところまではいいが、率直

に申し上げれば、日本の会社における社員エンゲージメントを巡る取り組みには、とても残念に思うことが多い。もう一歩、いやもう二歩のところで終わってしまう会社がほとんどなのである。会社経営に関する他の施策と同様に、社員エンゲージメントの取り組みもまずは現状を把握するところからスタートする。全社的な調査を行って、社員がどの程度の意欲を持って仕事に向き合っているかというエンゲージメントの度合いと、社員エンゲージメントのボトルネックになっている要因について把握する。第2章のエンゲージメント調査の分析結果を見れば一目瞭然ではあるが、ほとんどの会社が何らかの問題を抱えている。調査を行って現状が把握できたら、当たり前のことながら、次は手を打つべき課題を特定しなければならない。

この辺りから、雲行きが怪しくなる会社が多いのだ。

社員エンゲージメント調査の結果を見た会社の経営陣が、解決すべき課題を決めたがらない。これは冗談ではなく、実際にいくつかの会社で起こっていることである。エンゲージメント調査を行うと、社員の士気を削いでいると思しき問題が必ずいくつか見つかる。しかし、モグラたたき的にそのすべてに対処しようとするのは現実的ではないし、得策でもない。時間も人手も限られている中では、問題に優先順位を付けて、解決すべき課題として絞り込んで設定するのが定石だ。先に見たように、会社の存在意義の不明確さ、組織の方向性が見えないが故の生産性低下などは、誰から見ても経営陣に由来する問題である。経営陣以外が、これらを課題として設定することも、改善活動の開始を宣言することもできない。それにも関わらず、経営陣は調査結果を眺めて問題の多さに渋い顔をするだけで終わってしまう。

経営陣が何も決めない中で、改善課題の設定は現場に投げられることになる。各本部、各部門で社員エンゲージメント調査結果を読み解き、自分たちで課題を決めろというわけである。現場の自主性を重んじるという聞こえは良いが、これでは経営陣が責任を放棄しているとはいえまいか。現場には課題の設定だけが求められるわけではなく、改善策を講じることまで要求される。つまりは、全社で調査を実施した後は、すべてボトムアップの活動に切り替わるのだ。これには大きな違和感を覚えずにはいられない。経営陣が社員の幸せを気にして始めた取り組みなはずなのに、いつの間にか「社員が自分たちで幸せになる方法を考えなさい」と主体がすり替わってしまっている。随分と支離滅裂な展開だ。こんな調子では、初っ端から社員がやる気を挫《くじ》かれてしまうのは目に見えている。経営陣が責任を持って意思決定しない会社に限って、社員エンゲージメント調査が改善活動につながらないのは何故か、という疑問を持つ。その原因はいうまでもなく明らかなのだが…。

すべての日本の会社が残念な結果で終わっているかというと、もちろんそんなことはない。経営陣が、社員エンゲージメントを大事な経営指標の一つとして真摯に受け止めて、定点観測と改善活動を地道に続けている会社もある。こうした真面目に取り組んでいる会社では、数年で社員エンゲージメントが着実に向上している。真剣に取り組めば、社員のエンゲージメントは確実に上向くのだ。ところで一体、両者のこの違いはどこにあるのだろうか。経営陣の差だといってしまうと身も蓋もないので、もう少し掘り下げて考えてみたい。

社員エンゲージメントのコンセプトを自分のものにしている会社には、社員の意欲に目を向けざるを得ない事情がある。その最たるものが組織のグローバル化である。自分たちが慣れ親しんだ日本の常識が通用しない、他国の社員の心情を知ろうとすると、エンゲージメント調査のような大掛かりな手立てに頼る他はない。そして、いざ調査を実施してみると、思ってもみなかった問題に気付かされることが多い。米国の拠点で現地人の退職者が後を絶たないのは、どうやら拠点長のマネジメントに問題がありそうだとか、これだけ必死になって会社のバリューを海外展開したにも関わらず、海外の社員にはまったく響いていないようだとか、日本本社の経営陣からは目が届かないことが調査によってわかってくる。日本の社員の場合、エンゲージメントにそれほど意識をしなくても当面は大丈夫かもしれないが、海外の現地社員だとそういうわけにはいかない。エンゲージメントを高める努力を怠ると、彼らは他の会社に出ていってしまう可能性が大きい。元々、現地の社員には、日本人ほどには会社に対する無償の忠誠心を期待できないので、エンゲージメントをなおざりにすると、途端に会社貢献しようとする意識が毀損されてしまう。海外における事業比率が高い会社では、海外の現地社員の流出や士気の低下は、即座に致命傷になりかねないのだ。

組織のグローバル化以外にも、会社が社員のエンゲージメント向上に本腰を入れて取り組む契機になることがある。ここのところ、会社を辞める社員が増えてきている。数人にエグジット・インタビューをしたものの、退職者増加のはっきりとした理由が突き止められず、何か根深い構造的な問題がありそうだ。こんな会社も、経営陣が陣頭に立って社員エンゲージメント調査を開始する。社員が表立って口にしない、心の底で考えていることをあぶり出すには、やはり調査を行う以外に方法がない。いずれのケースでも、経営陣を本気にさせるには十分な組織上の問題が既に発生している。海外の現地社員の意欲や士気の低下、増加している退職者への対応、どちらも会社の成長に大きな影を落としかねない経営課題である。

一方で、大半の会社はどうだろうか。仮に、社員のエンゲージメントは大事だと頭では理解していたとしても、経営陣がそこまで真剣になれないのは、まだ痛い目にあっていないからではないだろうか。社員エンゲージメントが組織の業績に大きな影響を与えるといくら理屈を並び立てられても、あるいは社員の幸せは会社にとって大事なバロメーターだと思っていても、目の前で日々起こっているビジネス上の課題と並べてしまうと、どうしても優先度が劣後してしまう。要は、〝何となく〟社員エンゲージメントの取り組みを始めて、〝何となく〟終わってしまっているのだ。

早くから社員の幸せが死活問題になっていた欧米のグローバル企業では、社員エンゲージメントにかける真剣度が日本の会社とは雲泥の差である。会社のトップであるＣＥＯの業績評価指標の中に、エンゲージメント調査結果を織り込んでいる会社もある。ＣＥＯだけでなく、ＣｘＯ（〝Chief ~ Officer〟と表記される執行責任役職の総称）と呼ばれる経営陣全員の業績評価にも、やはりエンゲージメント調査結果を反映させているケースすらある。業績評価に調査結果を用いていくことへの是非はあるだろうが、本気の度合いはおわかりいただけよう。日本の会社も、いずれは欧米のグローバル企業と同じような状況を迎えるだろう。生き残っていくためには、望もうが望むまいが、先行してグローバル化を推し進めている日本の会社が頭を悩ませているように、日本のスタンダードが通用しない海外の現地社員に向き合い、あの手この手を使って彼らの熱意を引き出していかねばならなくなる。また、足元の日本国内を見ても、社員の働くことに対する意識が、かつてのように画一的なものではなくなってきている。痛い目にあってからでは遅い。今の内から、社員エンゲージメントを会社経営にまつわる重要なコンセプトとして取り入れていく必要がある。

組織の長であれば誰でも、その組織のメンバーが幸せを感じて働ける環境を作ることができる。会社においては、中間管理職の頑張り次第で社員エンゲージメントを高めることができる。今、活き活きと仕事ができていると感じる社員がいるとすれば、直属上長のリーダーシップによるところが大きいのではないだろうか。ただ、中間管理職の個人的な努力に期待するだけでは、社員のエンゲージメントに組織間でのバラつきが出てきてしまう。それでは、社員全員が幸せを感じられるようには絶対にならない。どうしたって、会社の経営陣が本気になることが必要だ。

今、日本は社員エンゲージメント元年を迎えたばかりである。エンゲージメントの概念が、ごく自然のものとして日本の会社に定着するには、まだしばらく時間がかかるかもしれない。しかし、多くの会社を見ていると、もっと素直に考えてみても良いのではないかと思うことがある。会社の経営陣は、うちの社員は本当に幸せなのだろうか、会社は彼らの意欲を引き出せているのだろうかと、素朴な疑問をもっと持つべきではないだろうか。また社員にしても、自分の人生の中で、下手をすれば家にいるよりも長い時間を過ごすことになる会社で、より良く、より楽しく働いていくためには何が必要なのか、もう少し真剣に考えるべきではないだろうか。

日本の会社に属している一人ひとりが、働くことの幸せにもう少し思いを巡らすことができれば、社員エンゲージメントのコンセプトは着実に組織へ定着していくはずだ。日本の会社が再び活力を取り戻すために、そうなることを願ってやまない。

おわりに

コンサルティングの仕事を通じて、これまでに本当に多くの日本の会社を見てきた。その多くは、本書に登場するような、誰もが知っている日本を代表する大企業である。そうした会社の内情を深く知れば知るほど、世間では良い会社と思われている会社であっても、ここで働いている社員は本当に幸せなんだろうか？　と考えさせられてしまう。本書を通じて述べてきたように、幸せの感じ方は人それぞれで、つと働くことに対する価値観や就業観は十把一絡げに考えられるものではない。それでも、誰もが〝良い会社〟だと思うような、万人共通のイメージはあるように思う。会社の成長と共に自分も成長し、目の前の仕事を通じて自己の存在価値をひしひしと感じることができる。そして、志を同じにする上司や同僚と共に、時には本音でぶつかり合いながら、一人では成すことができない大きな仕事をやり遂げる。誰しもが思い描く良い会社とは、こんなイメージではないだろうか。

確かに、多くの日本の大企業の中では、こうした美しい桃源郷をあまり見ることができなくなった。日本の会社の社員エンゲージメントが低いという事実は、いろいろな日本の会社を観察してきた筆者にとって、極めて腑に落ちることである。ただし、だからといって短絡的に、最近の日本の会社はダメだとか、外資系の企業の方が素晴らしいと言うつもりは毛頭ない。コンサルティングの仕事を通じて、日本の会社と同じように、これまでに多くの外資系企業の内情も知る機会に恵まれた。外資系企業の中でも、世界的に名が知れているグローバル企業は特に、日本の会社が持ち合わせていない組織のスピード感や、意思決定における論理性を強みとして有している。正直なところ、これらの強みは日本の大企業とは雲泥の差だ。グローバルな競争を勝ち抜いてきた企業の凄みを、色々な場面で感じさせられる。しかし、こうした企業を何の留保もなく、全面的に称賛する気にはなれない。

日本の会社には、間違いなく日本の会社の良さがある。あるいは、筆者が日本的価値観に囲まれて育った日本人だからそのように思うのかもしれない。上手く日本語で表現することができなく歯がゆいのだが、整然とオーガナイズされた、秩序立った組織運営は、日本の会社だからこそ成せる術だと思う。また、一つ間違えば忖度やハイコンテクストというレッテルを張られ、組織の悪弊に数え上げられてしまう恐れも孕んでいるが、多くの言葉を要さなくても一致団結できる組織力は、外資系の企業にはない特別な魅力だとも感じる。

言うまでもなく、日本の会社がこのままで良いというわけでは決してない。現に、社員のエンゲージメントでは欧米のグローバル企業に大きく水をあけられているし、海外の市場では日本の会社は彼らと互角に戦える状況に至っていない。日本の会社が再び世界に覇を唱えるには、良いものは良いものとして残しつつも、先人から徹底的に学んで変えるべきは変えなければならない。

これまでの歴史が物語っているように、日本人は先進国から思想なり制度なりを持ち込んで、単に模倣するに止まらずに、試行錯誤を通じて自分たちに合った形へとしつらえ直して発展の基盤としてきた。会社経営についても同じことがいえ、すべてがすべて舶来品を上手く血肉にできたわけではないが、欧米発の経営思想や経営手法を自分たちのものにしてきた。卑近な例をあげれば、一昔前は単なる欧米の見よう見まねで導入していた感が強かった職務型の人事制度（かつては成果主義の人事制度とも呼んでいた）も、ようやくその本質を押さえた上で、自社に即した形に再構築して導入できる日本の会社が出てきた。模倣に止まらない改善、これこそが日本の競争力の大きな源泉だ。

社員エンゲージメントとは、社員の幸せというものを頂点に戴いた思想の体系である。社員が活き活きと幸せに働くことを目的として、組織と個人の関係性を分解し、また再構築しようとするものだ。日本の会社が、この思想体系を経営の中に取り込んでいって欲しいという願いを込めて、本書のタイトルを『エンゲージメント経営』と名付けた。本書の中でも触れたが、社員エンゲージメントの思想は欧米で生まれたものだ。欧米のグローバル企業が、その叡智を結集して作り上げた思想の体系ともいえる。これを、グローバルな競争では後塵を拝してしまっている日本の会社が活用しない手はない。今の日本はまだ、まずは社員エンゲージメントの思想を理解し、とりあえず型通りに試してみる段階にあるのだと思う。しかし、日本が元来的に持っている模倣に止まらない改善の力によって、いずれは社員エンゲージメントの思想を上手い形で会社経営の中に取り込んでいくだろう。

日本式の組織運営には時代に合わないところも出てきているが、すべてをご破算にするのはあまりにもったいない。何だかんだいって、愛憎半ばしながらも、自分の会社に対して情にも似た念を持っている社員は少なくはない。社員にとって良いところは伝統として残しつつ、社員エンゲージメントの思想から学ぶべきところは学ぶ、そういう姿勢があれば日本の会社員の活力が再生する日も、そう遠くはないはずだ。人と組織に纏わるコンサルティングを生業にする者として、その日が少しでも早くやってくることを祈念しつつ、筆を置きたい。

【著者】
柴田　彰（しばた　あきら）
コーン・フェリー　シニア クライアント パートナー
慶應義塾大学文学部卒　PWCコンサルティング（現IBM）、フライシュマンヒラードを経て現職。
各業界において日本を代表する大企業を主なクライアントとし、組織・人事領域の幅広いプロジェクトを統括。近年は特に、社員エンゲージメント、経営者のサクセッション、人材マネジメントのグローバル化に関するコンサルティング実績が豊富。著書『職務基準の人事制度』（共著）、寄稿『企業会計』『企業と人材』ほか

【執筆協力】
岡部　雅仁（おかべ　まさひと）
コーン・フェリー　クライアント ディレクター
同志社大学商学部卒　プライスウォーターハウスクーパース、リクルートを経て現職。
リクルート時代に上海・北京・シンガポールに人材事業現地支社長として約８年の駐在経験。社員エンゲージメント調査も含めたコーン・フェリーの保有する組織・人材プロダクトの日本営業責任者。

酒井　博史（さかい　ひろふみ）
コーン・フェリー　シニア プリンシパル
大阪大学工学部卒　同大学院工学修士及び経営管理学修士課程修了。JPモルガン（投資銀行本部）、ベイン・アンド・カンパニーを経て現職。
各業界の大手日本企業に対し、戦略立案から組織・人材改革に至る幅広いプロジェクトを支援。現職では、社員エンゲージメントに加えて、人材マネジメントや制度改革等のコンサルティングにも注力。

鈴木　晶子（すずき　あきこ）
コーン・フェリー　シニア コンサルタント
慶應義塾大学法学部卒　米国パソナ、リクルートを経て現職。
日系大手製造業を中心に、様々な企業における社員エンゲージメント調査のプロジェクトマネジメントを担う。社員エンゲージメント調査チーム（日本）のオペレーション責任者。

澤田　慧（さわだ　けい）
コーン・フェリー　アソシエイト コンサルタント
東京大学農学部卒　株式会社 三井住友銀行を経て現職。
製薬、機械、金融など幅広い業界の大手日本企業に対して、社員エンゲージメント調査・人材マネジメント・人事制度設計など、多様なコンサルティングプロジェクトに従事。

コーン・フェリー
グローバル組織コンサルティングファーム。クライアントが戦略と人材をシンクロナイズさせることで優れたパフォーマンスを発揮する支援を行っている。企業の組織構造やポジションとその責任を設計し、クライアントの戦略を実現する人材の採用･選抜の支援、同時に社員の処遇･育成･動機付けといった課題についてもコンサルテーションを提供。7,500人以上のスタッフが50ヵ国以上においてサービスを展開している。

エンゲージメント経営

2018年12月30日　初版第1刷発行
2023年7月10日　　第4刷発行

著　者——柴田　彰

発 行 者——張　士洛
発 行 所——日本能率協会マネジメントセンター
〒103-6009　東京都中央区日本橋　2-7-1　東京日本橋タワー
TEL　03(6362)4339(編集)／03(6362)4558(販売)
FAX　03(3272)8127(販売・編集)
https://www.jmam.co.jp/

装　丁——IZUMIYA（岩泉 卓屋）
本文DTP——株式会社明昌堂
印刷・製本——三松堂株式会社

ISBN 978-4-8207-3162-7 C2034
落丁・乱丁はおとりかえします。
PRINTED IN JAPAN

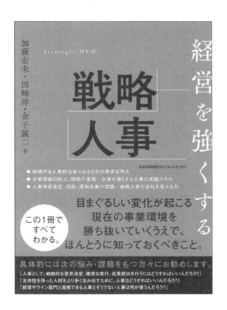